다시 나를
생각하는
시간, 서른

다시 나를 생각하는 시간, 서른

서현진 지음

글담출판사

| PROLOGUE |

물음표 가득했던 내 서른의 날들

서른이 되어도 나는 반짝반짝 빛날 줄 알았어.
난 정말 누구보다 열심히 서른을 준비했거든.
준비한 대로 맞이할 수 있는 게 아니었던 내 서른 살의 성장통.

회사 구석에 놓인 자판기 옆에서, 회식 끝 저물어가는 술자리에서, 이미 수년 전에 서른의 길목을 돌아선 언니들은 이제 곧 서른을 맞이하는, 그래서 어느 때보다 고민이 한가득인 동생들에게 자신들의 지나간 서른 이야기를 들려준다. 지나고 생각해 보니 지금에 비해 나름 괜찮았던 그때를 온전히 즐기지 못했던 데 대한 아쉬움 섞인 푸념을,

그녀들 눈에 아직은 젊음의 슈가코팅이 완전히 벗겨지지 않은 동생들을 보며 '그나마 그때가 좋으니 마음껏 즐기라'는 충고를 한다. 그러다가도 서른의 문턱에서 느꼈던 막연한 불안과 대책 없음에 대해서 얘기하는 순간에는 모두 약속이라도 한 듯 한목소리로 얘기한다.

"그러니까 눈 똑바로 뜨고 여우같이 살아, 이것들아!"

여우처럼만 하면 멋진 서른 살을 맞을 수 있을까?

스무 살 언저리의 내게 언니들의 충고는 서른이라는 나이만큼이나 막연하게 다가왔지만, 분명한 건 당시 나는 서른을 엄청나게 기대하고 있었다는 것이다. 무얼 해도 아슬아슬 위태롭고 불안하기만 한 20대와 달리 일도, 사랑도, 삶에 대한 여유도 모두 누릴 수 있을 것만 같은 나이가 당시 내 기준에는 서른이었다. 한편으로는 서른셋이 훌쩍 넘어서도(당시 나에게 노처녀의 마지노선이었던) 여전히 멋진 스타일에 에너지 넘치는 골드미스 선배들을 부러워하면서도, 마음 한구석엔 그 자리에 오르기 위해 결혼 적령기를 훌쩍 지나친 그녀들을 보며 '나는 일도 사랑도, 안정된 생활까지도 다 가질 거야' 하고 다짐하기도 했다.

20대 내내 마치 적진 한가운데 서 있는 용감한 돌격대장 같았던 나는 멋진 30대를 꿈꾸며 끊임없이 남들 눈에 꽤 과감(이라 쓰고 '무모'라고 읽는)해 보이는 도전들, 예를 들면 미스코리아 대회나 아나운서 시험에 도전했고, 매번 나조차도 믿기 힘든 좋은 결과를 얻으며 내 20

대를 누구보다 더 알차게 살고 있다고 확신했다. 성공에 대한 의지와 에너지, 거기에 운까지 따랐던 20대의 나는 그렇게 반짝반짝 빛나는 날들을 만들어갔고, 계획대로 멋진 30대를 맞이할 거라는 데 한 치의 의심도 없었다. 아니, 좀 더 과장해서 말하자면 온갖 스포트라이트와 행운은 당연히 모두 나를 따라온다는 달콤한 착각 속에 우쭐했던 때도 있었다.

그리고 맞이한 서른. 이미 10여 년 전에 야심차게 세웠던 멋진 서른 맞기 프로젝트 속 내 모습과 달리 특별할 것 하나 없는 여자가 거울 저 너머에 있었다. 세상살이가 뭔지 알아갈수록 꺾이는 자신감과 함께 어느새 앳된 빛을 잃어가고, 야근과 잦은 술자리로 눈밑 한가득 검은 티백 같은 다크서클을 드리운 채로. 대학 졸업 후, 재수에 삼수를 거쳐 어렵게 기회를 잡아 시작한 방송 일은 한 5년 쯤 밤낮으로 매달려 이제 익숙해질 만하니 그 익숙함이 곧 매너리즘이 돼버려 자꾸 의욕을 갉아먹고, 올망졸망 생겨버린 어린 후배들에게 곁을 하나 둘 내주면서 그게 순리라는 걸 알면서도 마음 한편으로는 인정하기 싫은 옹졸함을 버리지 못한다.

지금이면 당연히 함께일 줄 알았던 내 인생의 반쪽도 아직 만나지 못했다. 아니, 정확히 말하면 알아보지 못하고 그냥 보낸 반쪽 후보들이 몇 있었고 그 어리석음의 대가로 아직도 혼자다. 직장생활 5년을 넘게 했는데도 모아둔 돈은커녕 마이너스 통장만 없으면 다행인 정도로 주머니 사정도 그저 그렇다. 무엇보다 나를 두렵게 만드는 건 10년 후, 아니 5년 후의 내 모습조차 머릿속에 잘 그려지지 않는 지금의 현실이었다. 어느 날 내 방황을 눈치챈 친한 선배 하나가 이렇게 말했다.

"서른에 대해 느끼는 두려움은 누구나 똑같아. 정도 차이만 있을 뿐이지. 네가 지금 하고 있는 얘기들 토씨 하나 안 틀리고 이미 수도 없이 라디오 반복 재생하듯 듣고 또 들었는걸. 나도 언젠가 똑같이 넋두리처럼 내뱉었던 말들이고. 너한테 왜 미리 말 안 해줬냐고? 20대의 너는 너무 잘나가서 내 말 따위엔 관심도 없었으니까."

주위를 둘러보니 친한 친구들의 서른 즈음도 나와 별반 다르지 않아 보인다. 부모님의 성화에 못이긴 다수의 친구들이 스물아홉이 되기 무섭게 하나 둘 결혼 소식을 알려왔고, 아직 짝을 못 찾은 몇몇은 이제야 정신이 번쩍 든 것처럼 매일매일 밀린 숙제 하듯 열심히 선을 보며 주말들을 보낸다. 일에서 승승장구하는 열혈 커리어우먼들은 여전히 야근을 밥 먹듯이 하면서 '서른이 어디 집 개 이름이냐'며, 센척하지만 그녀들 또한 무심코 던지는 말에서 나이에 대한 부담이 엿보인다.

이쯤에서 생기는 물음표 하나.

스물아홉에서 서른, 고작 앞자리 숫자 하나 바뀌는 걸로 왜 자존감 100퍼센트에 똑순이었던 나와 내 친구들은 갑자기 이렇게 후지게 구는 걸까. 스물아홉 12월 31일까지만 해도 너무나 씩씩하게 잘 먹고 잘 살았던 우리는 달력 한 장이 넘어가 서른이 되자마자 기다렸다는 듯 인생에 내 맘대로 되는 게 하나도 없다는 둥 생전 안 하던 신세타령, 몸 아픈 타령, 남자 타령 등으로 유난스럽게 굴며 불평불만을 늘어놓고 있다. 결국 모두에게 서른은 고약한 냄새를 풍기며 누런 고름 덩어리가 생기는 전염병처럼 피할 수 있다면 마냥 피하고 싶은 나이인 걸까. 혹여 우리는 애초에 서른이라는 나이에 너무나 많은 의미를 부여했던 게 아닐까. 서른이라는 나이가 정말 그렇게 혹독하기만 한 걸까.

   가만히 앉아만 있어선 알 수 없으니 도리가 없었다. 부딪쳐 보는 수밖에. 그리고 나는 뛰어들었다. 나의 서른으로. 남들과 무언가 다른 특별한 걸 꿈꿨지만 특별하기는커녕 매일매일이 막막하고 불안하기만 했던 내 서른의 날들, 알 수 없는 미래에 대한 걱정으로 수많은 밤을 지새우다 결국 쫓기듯 훌쩍 먼 곳으로 떠나버린 그날들에 대해서 나는 이제 이야기하려 한다.

CONTENTS

| PROLOGUE | 물음표 가득했던 내 서른의 날들

Work 스물아홉과 서른 사이

5년차 워킹우먼, 그녀의 스물아홉 그리고 서른 사이 | 012 미코와 아나운서, 된장녀들의 로망 | 021 누구도 피할 수 없다. 직장인 스트레스 | 031 기회라는 여신의 뒤통수 | 039 대한민국에서 여자 아나운서로 산다는 것 | 049 스페인 마르베야로! 인생의 터닝포인트 | 058 지금 이 순간이 아니면 안 되니까 | 066

Life 서른이 되어야 알 수 있는 것들

서른 딜레마, 쿨하지 못해서 미안해 | 076 안녕 내 사랑 | 085 관계의 정의 | 093 고아가 된 그녀들 | 098 그 많던 여자 친구들은 다 어디로 갔을까 | 107 유학 그까짓 거?! | 115 미녀들의 특별한 휴가 | 124 새벽 4시의 전화, 동굴 탈출 | 134 이민 가방 두 개, 서울에서의 마지막 밤 | 142 결혼 엑소더스 | 149

Dream 나만 생각할 것

하이힐에 샤넬 백, 캠퍼스 진상녀 버클리에 가다 | 162 윌리엄 왕자는 스물셋! | 168 무모하게! 치열하게! 홀로서기 | 178 지친 영혼을 위로하는 거리 | 190 잘 지내나요, 청춘 | 198 떠나고 나니 보이는 것들 | 208 '진짜'가 되고 싶다는 욕심 | 217 방황의 끝자락, 겨울에서 봄 | 224 또 다른 시작의 문 | 229

| EPILOGUE | 결국 마음이 시키는 대로

언제부터였을까. 하루에도 수십 번,
회사 창문 바깥 저 너머를 보며 나도 모르는 한숨을 내쉬기를
무한 반복하고 있는 나를 발견한 게. 쓰는 것보다는
채우는 게 더 많아야 할 시기에
자꾸 내가 갖고 있는 모든 걸 다 써버리기만 하니 당장 한 달 후,
1년 후의 내가 불안하게 느껴지기도 했다.
오늘도 겨우 버텼다는 안도의 한숨 이후 밀려오는
허탈함에 한동안 멍하니 있기 일쑤였고, 이런 나 자신이 마치 물이 바짝 말라서
흉하게 비틀어져 싱크대 구석에 처박힌 낡은 수세미가 된 느낌이 들어
견디기 힘들었다. 그러던 어느 날, 문득 서른 살의 나에게 마음속으로 물어본다.

'너 행복하니?' ▲▲▲

스물아홉과 서른 사이

• Work •

5년차 워킹우먼, 그녀의
스물아홉
그리고 서른 사이

200X년 X월 X일.

여의도 MBC 7층 라디오국, 생방송 스튜디오.

"……오늘도 벌써 마칠 시간이네요. 끝 곡 띄워 드리면서 여기서 인사드릴게요. 여러분 좋은 하루 보내시고요, 지금까지 서현진이었습니다."

매일 아침 생방송으로 진행하는 두 시간짜리 라디오 프로그램을 끝내고 나니 어느덧 아침 아홉 시. 방송 시작 무렵만 해도 어둑어둑했던 스튜디오 창 밖 여의도 빌딩 숲의 창문들 위로 아침 햇살이 한가득 내려앉아 있다. 어제와 전혀 다를 것 없는, 수 없이 반복되는 아침 중에 또 하루의 시작. 새벽 다섯 시 반에 일어나 집을 나서서 늦어도 여섯 시 반에는 스튜디오에 앉아야 따뜻한 차 한잔 마시며 겨우 밤새 잠긴 목을 풀고 새벽 생방송을 시작할 수 있다. 아침 라디오 생방송의 특성상 출근길 교통 정보, 날씨, 청취자 퀴즈까지 엄청난 속도로 따라가다 보면 두 시간이 어떻게 지났는지 기억이 안 날 정도로 순식간에 끝나는 방송. 실수는 없었는지, 청취자들의 반응은 나쁘지 않은지 프로그램 게시판을 살피기 무섭게 맥이 탁 풀리는 느낌이다. 하지만 이제 겨우 하루의 시작인걸. 슬슬 회사 사람들이 출근할 시간이다. 라디오 스태프들과 지하 구내식당으로 내려가 허겁지겁 아침을 입속에 털어 넣기 무섭게(새벽 다섯 시 반에 일어나서 매일 그 난리를 치는데 밥맛이 있을 리가) 다시 6층 아나운서 국으로 종종걸음 치며 올라간다.

사무실로 돌아와 자리에 앉기가 무섭게 옆에 있는 초록색 녹즙 주머니에 손을 넣는다. 오늘은 알로에다. 상큼하게 비릿한 알로에 녹즙 한 병을 가뿐하게 비운 후, 습관처럼 컴퓨터를 켜고 익숙한 포털 페이지를 열어 오늘의 뉴스를 클릭한다. 정치, 사회, 연예……클릭 클릭 클릭. 그러다 눈에 띄는 뉴스가 있어 또 클릭.

"대한민국 직장인이 회사를 다니며 가장 회의를 느끼는 순간은 언제일까?"

이미 많이 본 기사 목록에 올라 있군.

"야근까지 하며 야심차게 진행한 프로젝트를 선배가 가로챘을 때, 까마득한 어린 여자 신입사원 후배들과 외모로 비교 당할 때, 아니면 사람 많은 사무실 한복판에서 상사에게 인신공격에 가까운 질책을 받을 때…… 인터넷 검색에 '직장인' 세 단어만 쳐도 '직장인 스트레스' 혹은 '직장인 우울증' 등의 검색어들이 줄줄이 사탕으로 묶여 나오는 걸 보면 우리나라 직장인들, 아니 동시대의 모든 직장인들의 삶이 참 고된 것 같습니다. 실제로 요즘 직장인들은 회사 내에서의 과중한 업무와 인간관계의 어려움, 혹은 그 외 다양한 이유에 따른 스트레스를 감당하기 힘들어 신경정신과를 많이 찾고 있다고 하는데요, 이는 무기력함과 우울증, 탈모나 여드름으로 이어지며 심하게는 대인기피증까지 갈 수 있다고 합니다."

여기까지 읽기가 무섭게 가슴 깊은 곳에서부터 '훅~' 하고 나도 모르게 강둑 터지듯 큰 한숨이 밀려나옴과 동시에 손은 자동적으로 정수리 쪽 두피를 톡톡 두드리고 있다. 요 몇 달 부쩍 정수리 쪽 머리카락이 많이 빠지는 것 같아 병원에라도 가야 하나 고민했는데 더 미뤄서는 안 되겠다고 중얼거리며 책상 위에 세워둔 조그만 쪽거울에 눈길이 멈춘 순간. 이런, 얼굴이 말이 아니다. 주 5일 새벽 출근에 잦은 숙직, 그외 이런저런 방송 스케줄에 특집 프로그램들을 꾸역꾸역 하다 보니 어느새 양쪽 눈밑 다크서클은 그 영역 확장을 거듭해 거의 뺨까지 드리워져 있고 코 주변에는 검정깨를 한가득 뿌려놓은 듯 블랙헤드가, 얼굴 군데군데는 곧 터질 듯 노오란 피지가 가득 찬 낭포성 여드름들이 이미 자리를 잡고 있다. 아무리 노 메이크업 아침이라지만 도저히 못 봐주겠는데…… 직장인 스트레스, 남의 얘기가 아니다.

대학을 갓 졸업하고 1년의 재수시절을 거쳐 수백 대 일, 조금 과장해서 서의 로또 1등의 확률에 맞먹는 경쟁률을 뚫고 처음 회사에 출근하던 날, 함께 인생의 로또에 당첨된 동기들과 했던 대화가 아직도 또렷이 생각난다.

"내가 합격을 하다니, 이건 정말 기적이야! 난 정말 부장님, 국장님 다 해보고, 꼬부랑 할머니가 될 때까지 절!대! 회사 그만두지 않을 거야."

겨우 스물다섯 언저리였던 우리는 이렇게 재잘거리며, 회사 정문을 통과할 때 꼭 필요한 출입증이 나왔다는 것만으로도 감격해 마지않은 채로, 그 출입증을 마치 암행어사 마패마냥 자랑스레 정문을 지키는 수위 아저씨의 얼굴에 들이밀며 첫 출근을 했다.

신입 무렵에는 변변한 자격증 하나 없이 백수 되기 딱 좋은 나를 받아주는 곳이 있다는 게 마냥 좋았고, 매달 25일 정확하게 통장에 꽂히던 월급에, 25년 가까이 부모님 밑에서 지긋지긋하게 매달려 있던 의료보험을 뚝 떼어 옮겨 심을 수 있는 회사가 있다는 데 그저 감사했다. 게다가 회사 복도에만 나가도 5분에 한번 씩 마주치는 텔레비전 스타나 멋진 방송인들(운 좋은 날엔 구내식당에서 당시 〈신입사원〉이라는 드라마를 촬영 중이던 에릭의 옆옆 자리에 앉아 밥을 먹기도 하고)과 한 공간에서 일하는, 그야말로 최적의 근무 환경이 갑자기 내 눈앞에 펼쳐지니 얼마나 설레던지. 그렇게 입사하자마자 바로 방송에 투입되고, 어느 순간 사람들의 관심 한가운데 서게 되고, 때로는 달콤한 성공의 열매에 도취됐다가 때로는 작은 실수 하나로 대중의 질책을 받아 억울해하기도 하면서 나는 그렇게 세상물정 모르는 여대생에서 직장인으로 서서히 여의도에 뿌리를 내렸다.

▼ ▼ ▼

그리고 5년 후. 이제 갓 서른이 된 나는 여전히 똑같은 직장을 다니며 5년간 해 오던 일을 계속 하고 있다. 멋쟁이 연예인들을 원 없이 볼 수 있는 환상의 근무 여건은 여전하고 이제는 출입증 없이 간단한 얼굴도장 하나로 마음대로 회사를 드나들 수 있다. 벌써 내 밑으로 열 명이 넘는 아나운서 후배가 생겼고, 일을 하면서 이런저런 자잘한 마찰들은 늘 있지만 이제 서로 익숙해 져서 의지할 수 있는 직장 동료들도 있다. 통장에 차곡차곡 쌓인 돈은 3년 만기 5,000만 원짜리 적금통장으로 나에게 화답하고, 매년 노동자의 날이나 명절이 되면 회사로부터 그 해 수확한 햅쌀부터 등산 점퍼까지 다양한 방식으로 노동의 대가를 챙겨 받으며 뿌듯해하기도 한다.

그러다 언제부터였을까. 하루에도 수십 번, 회사 창문 바깥 저 너머를 보며 나도 모르는 한숨을 내쉬기를 무한반복하고 있는 나를 발견한 게. 선배들이 종종 회사생활을 몇 년 하고 나면 매너리즘에 빠지는 시기가 꼭 온다고 자신들의 경험을 얘기해 주곤 했지만, 늘 나와는 상관없는 일이라고 생각해 왔다. 하지만 이 흉물스러운 너석은 서른이 되는 해, 회사를 다닌 지 꼭 5년 만에 나를 찾아왔다.

입사 직후부터 지금까지, 매일매일 초 단위로 이어지는 방송을 하면서 머릿속에 든 지식이나 경험들을 야금야금 써먹다 보니 어느 순간부터 수박 겉핥기 같은 방송을 하고 있는 나를 발견했다. 쓰는 것보다는 채우는 게 더 많아야 할 시기에 자꾸 내가 갖고 있는 모든 걸 다 써버리기만 하니 당장 한 달 후, 1년 후의 내가 불안하게 느껴지기도 했다. 온에어 불이 꺼지고 나면 해냈다는 성취감보다는 오늘도 겨우 버텼다는 안도의 한숨 이후 밀려오는 허탈함에 한동안 멍하니 있기 일쑤였고, 이런 나 자신이 마치 물이 바짝 말라서 흉하게 비틀어져 싱크대 구석에 처박힌 낡은 수세미가 된 느낌이 들어 견디기 힘들었다. 그러던 어느 날, 문득 서른 살의 나에게 마음속으로 물어본다.

'현진, 너 행복하니?'

한참을 기다려도 또 다른 나로부터 아무런 대답도 들려오지 않는다. 궁금해서 가까이 다가가니, 잔뜩 웅크린 채 고개를 숙이고 벽 쪽으로 돌아앉아 있는 내가 보인다. 축 처진 어깨에 구부정한 등을 보니 많이 지쳐 보인다.

'왜 그래…… 너 힘드니?'

나는 가만히 또 다른 나의 등 뒤로 다가가 두 팔을 벌려 살포시 끌어안는다.

▼ ▼ ▼

책상 서랍 제일 밑 칸을 뒤져 구석 깊숙이 있던 오래된 잡지 하나를 발견했다. 회사에 들어오고 몇 달 후 찍은 회사 사보였다. 아마 신입사원으로서 앞으로의 포부와 다짐에 관한 내용이었으리라. 잡지 속의 나는 아직 촌티와 땟국물을 벗으려면 한참 멀어 보이는 엄청나게 촌스러운 겨자색 털옷과 '달려라 하니'의 바람머리 단발을 하고, 손발이 오그라들어 못 봐줄 정도로 어색한 미소를 짓고 있다. 눈은 전혀 웃지 않은 채 하얀 치아만 아래위로 과하게 보이는 소위 말하는 '미스코리아 웃음' 말이다. 이어지는 인터뷰 내용은 이랬다.

"아직 젊고 기회가 많은 만큼 최선을 다해 방송하겠습니다. 신입사원 프리미엄에 기대지 않고 앞으로 10년, 20년 뒤에도 회사의 자랑으로 남을 수 있도록 노력할게요."

내가 이런 말을 했었나? 좀 심하게 간지럽긴 하다만 당당해서 좋구먼. 그나저나 신입사원 프리미엄, 저딴 말은 누가 가르쳐 준 거지? 아님 내가 며칠 밤 머리 굴려 만들어 낸 건가? 혼자 심술 맞게 피식거리며 한참 잡지를 읽다 문득 궁금해진다.

  일에 대한 열정과 미래에 대한 확신이 이토록 부담스러울 정도로 넘쳐나던 나에게 불과 몇 년 만에 무슨 일이 일어난 걸까.

미코와 아나운서, 된장녀들의 로망

"도.대.체. 미스코리아는 어떻게 나가게 된 거예요?"

미스코리아가 된 이후로 누군가를 만나면 채 친해지기도 전에 꼭 받는 질문이다. 이제는 그런 질문에 익숙해질 만도 한데, 그때마다 나는 적당한 대답을 찾지 못해 대충 얼버무리고 만다. 나는 왜 미스코리아 대회에 나간 걸까? 다른 미스코리아들은 대부분 그녀의 미모를 알아보는 미용실 원장님의 권유로, 캠퍼스 퀸카로 유명한 그녀를 대신해 학교 친구들이 몰래 원서를 내줘서, 가족 중에 이미 미스코리아가 있는, 한마디로 우월한 유전자들이라지만, 나는 부끄럽게도 제 발로 원서 사서 접수하고 꽤 오랜 기간을 김밥 한 줄, 밍밍하기 그지없는 토마토주스로 연명하며, 무려 5킬로그램이나 감량을 하고서야 겨우 파란색 미스코리아 수영복을 입을 수 있었기 때문이다. 나는 속된 말로 모태미녀랑은 거리가 멀었다. 심지어 처음에는 엄마마저도 '미코는 개나 소나 하냐'며 딸내미를 '개나 소' 취급하기도 하셨으니. 나의 미스코리아 도전기는 다른 당선자들의 훈훈한 케이스와 전혀 달랐다. 도대체 뭐였을까? 내 근자감 근거 없는 자신감의 원천은.

▼ ▼ ▼

몇 년 전 어느 가수가 진행하는 심야 라디오 프로그램에 게스트로 출연했을 때였다. 심야의 인터뷰 같은 구성으로, 진행자와 마주 앉아 이런저런 사는 얘기도 하고, 물어보는 질문에 답하기만 하면 되는 비교적 간단한 30분짜리 인터뷰 코너였다. 방송이 시작되고, 라디오 부스에 마주 앉자 기다렸다는 듯 디제이는 미리 작가가 준비해 놓은 내 프로필을 줄줄 읽어 내려가기 시작했다.

"예고를 졸업하고, 무용 전공에 미스코리아, 거기다 아나운서까지…… 자기 과시욕이 엄청 많은 분이시군요."

흠, 그런가. 진행자가 아주 솔직하네 생각하며 패스!

그 후에 이런저런 얘기를 하던 중 그는 호기심 어린 목소리로 다시 한 번 나에게 질문했다.

"요즘 모 아나운서와 재벌가 자제의 초스피드 결혼이 화제인 거 아시죠? 도대체 아나운서들은 재벌을 어디 가서 만나나요?"

약간의 반말을 섞어가며 실실 웃으며 말하는 디제이, 나쁜 의도는 아닐테지만 이쯤 되니 슬슬 부아가 치밀어 올랐다.

'그걸 왜 나한테 물어. 아니, 이런 X가지가 있나!'

욱 하는 마음에 방송이 끝날 때까지 떨떠름하게 앉아 묻는 말에만 대답하고선 인사도 하는 둥 마는 둥 하고 나와 버렸지만 집으로 돌아오는 길, 운전하는 내내 그 말은 계속해서 내 머릿속을 맴돌았다. 그냥 디제이가 좀 까칠하다 하고 넘어가면 될 것을 나는 왜 거기에 이렇게 날을 세우고 계속 찝찝해하는 걸까? 혹시 그의 말대로 나는 엄청난 자기과시욕의 소유자일까? 아니, 설사 내가 어마어마한 '욕망의 화신'이라 치자. 그게 뭐가 잘못된 거지? 내가 그걸 부끄러워하고 있었나? 결국 아무도 권유하지 않았던 미스코리아 대회에 내 발로 나간 근자감의 원천은 나의 끝없는 욕망, 혹은 그 디제이가 말했던 자기과시욕이 발현된 결과일까?

그러고 보면 고등학교 때도, 대학에 다닐 때도 겉으로 보이는 나는 굉장히 조용하고 있는 둥 마는 둥한 존재감 제로의 학생이었다. 하지만 조금만 가까이 들여다보면 의외로 어른들이 하지 말라고 하는 짓은 궁금해서라도 꼭 해보고 마는, 한마디로 되바라진 아이였다. 하고 싶은 게 있으면 나중에 어떻게 되더라도 결국 저질러 보고 마는 대담한 구석도 있었다. 그런 나에게 보수적이고 위계질서가 아직도 존재하는 여대 무용과 생활은 그다지 맞지 않았고 선배들 역시 순종적이 거나 성실하지도 않으면서 자꾸 튀려고만 했던 내가 예쁘게 보이진 않았을 것이다.

인생을 좀 더 짜릿하고 매일매일 재밌는 축제처럼 살고 싶었던 20대 초반의 철부지에게는 그저 대학 졸업 후 다들 가는 대학원에 진학해서 운이 좋으면 임용고시의 살벌한 경쟁을 뚫고 안정적인 체육선생님이 되거나, 아니면 교수님이 대표로 있는 무용단에 들어가서 밑바닥부터 차근차근 연습생활을 거쳐 마침내 차례가 되면 데뷔전을 하고 또 경력을 쌓아 나가는 일반적인 코스가 그보다 더 지루하게 느껴질 수 없었다.

이런저런 현실에 방황 아닌 방황을 하던 중 대학교 3학년 초, 우연히 텔레비전 속 미스코리아 대회 광고를 보게 된 나는 '이거다!' 하고 무릎을 탁 쳤다. 평소부터 무용 빼고 유일하게 관심을 가진 분야는 방송이었지만, 당시에는 지금처럼 공개 오디션 프로그램이 전무한 시절이라 방송 쪽 커리어를 쌓고 싶어도 그 시작을 어떻게 하는지 몰라 감히 엄두를 내지 못했다. 마음만 앞설 뿐 실질적인 조언을 해줄 멘토도 주변의 인프라도 모든 게 부족했던 그 시절, 그냥 알아서 커리어를 잘 개척해 나가지 않으면 누구도 내가 원하는 곳으로 이끌어 주는 사람이 없었던 그때, 나름 묘수라고 생각해낸 게 당시 유일하다시피 한 공개 오디션, 바로 미스코리아 대회였다. 매년 그 대회를 계기로 자연스럽게 방송 일을 하는 사람들이 꽤 있었던 터라 '혹시 잘 되면 나도……'라는 작은 기대가 불씨가 되어 어느덧 내 마음은 두근두근 기대로 떨렸다. 그렇게 나는 그동안 누구에게도 말하지 못했던 내 꿈을 향해 용기를 내 한 발짝을 내디뎠다.

스물 두 살의 나는 뭘 믿고 그렇게 용감했을까. 그러고 보면 그때 나는 이미 별로 잘하는 것 없이 얼굴만 예쁘장한 여대생에게 미스코리아 대회는 당선이 된다는 전제 아래 원하는 인생을 내 힘으로 만들어나갈 수 있는 몇 안 되는 기회라는 걸 본능적으로 알고 있었던 것 같다. 머리가 잘 돈다고 해야 하나 영악하다고 해야 하나. 자신이 있었던 건 아니지만 '안 되면 말고'라는 배짱을 부린 걸 보면 확실히 내 욕망에 대해 앞뒤 재지 않고 굉장히 솔직한 편이었던 것 같기도 하다. 그런 욕망들이 모두 칭찬받을 만한 건 아니라 해도 원하는 것을 이루고자 하는 추진력이 없다면 아무것도 가질 수 없을 거라는 생각에는 그때나 지금이나 변함이 없다.

아나운서도 마찬가지다. 미스코리아가 된 후, 당선자 대부분은 대회가 끝남과 동시에 자연스럽게 방송이나 연예계 언저리를 기웃거렸다. 하지만 아무 준비가 되지 않았던 우리에게는 그 어떤 분야도 호락호락하지 않았고, 우리들 중 대부분은 이내 높은 현실의 벽에 가로 막혀 좌절하거나 소리 없이 사라지고 말았다. 나 역시 당시에는 방송과 관련된 일을 하고 싶긴 한데 내 관심이나 재능이 어디에 있는지 몰라 그걸 찾는 데 아깝게 허송세월을 해야 했다. 그래서 꽤 오랜 시간을 전혀 재능이 없는 분야 주변을 맴돌기도 했다. 이런 시행착오 끝에 결국 방송 진행자라는 확실한 꿈을 찾은 나는 대학 졸업반이 됨과 동시에 아나운서 공채의 문을 두드렸다. 생각했던 것보다 훨씬 길고 힘든 여정이었지만 이번 역시 확실한 꿈이 있었기에 끝까지 견뎌 낼 수 있었다.

여기까지만 보더라도 결국 인정하기 싫지만 그 라디오 방송의 디제이 말처럼 나는 '자기과시형'이 틀림없는 것 같다. 늘 사람들에게 나를 드러내고 싶어 했고, 그런 직업을 찾고, 또 사람들의 인정 속에서 내 존재의 의미를 찾고 있으니 말이다. 무용도, 미스코리아도, 아나운서도 결국 퍼포머performer 기질이 들끓는 내 성향 안에서 자연스럽게 해석될 수 있을 것이다. 그리고 아직도 여자에게 겸손과 드러내지 않음이 미덕인 우리 사회에서 이런 소위 '나대는' 여자들이 곱게 보일 리 없다. 결국 이런 나의 나댐이 지난 10여 년 동안, 또 아직도 나를 잘 알지 못하는 사람들이나 얄팍하게 아는 사람들에게 내가 여전히 된장녀 혹은 출세에 눈이 먼 욕망의 화신으로 비춰지는 근본적인 이유일 것이다.

하지만 이제는 예전에 그랬던 것처럼 그들에게 애써 내가 괜찮은 사람이라는 걸 증명하려고 발버둥치지는 않는다. 어떤 사람을 자신이 가진 고정관념으로 단번에 평가하는 건 그들의 못된 버릇이지 내 잘

못이 아니기 때문이다. 그리고 설사 된장녀 소리를 듣더라도, 따지고 보면 까다롭기로 소문난 취향을 가진 된장녀들의 로망이 되는 건 생각보다 그리 간단한 일이 아니다. 자신의 삶에 대한 애정, 인생의 확실한 목표, 그 목표에 상응하는 노력들과 남들이 인정할 만한 훌륭한 결과들이 수반되어야 진정 까탈스런 된장녀들에게 인정받는 '된장 of 된장'으로 거듭날 수 있기 때문이다. 그렇다고 그게 내 목표는 아니다. 다만 이제는 이런 공격을 부드럽게 칭찬으로 받아넘길 수 있는 여유가 생겼다는 말이다.

▼ ▼ ▼

요즘 20대 초반의 어린 여동생들이나 아나운서 지망생들과 이야기하다 보면 내 세대와 많이 달라진 적극적인 태도와 몸에 밴 자신감에 격세지감을 느끼곤 한다. 자기가 원하는 것을 확실히 어필하는 그녀들, 그걸 이루기 위해 드러내놓고 경쟁하고 그걸 전혀 부끄러워하거나 남들의 눈을 의식하지 않는 그녀들. 내 20대보다 한층 솔직하고 역동적인 동생들을 보면서 대견하기도 하고 부럽기도 하다. 또 가끔 그런 그녀들이 커리어에 대한 조언을 해올 때면 이렇게 대답한다.

"남에게 피해를 주지 않고 자기를 파괴하지 않는 선에서 내 삶에 대한 욕망을 가지는 건 나쁜 게 아니야. 그걸 얼마나 자기 발전의 원동력으로 잘 전환하느냐가 중요하지. 결국 자기가 원하는 것에 솔직하고 거기에 대놓고 적극적인 여자들이 인생에 더 많은 기회를 얻을 수 있을 거야."

사실 이는 그녀들에게만 하는 말이 아니다. 아직도 완성되지 않은 내 꿈을 찾아 고군분투하는 내 자신을 어르고 달래는 말이기도 하다. 그리고 조심스레 그려본다. 살아가면서 앞으로 좀 더 많은 '자뻑 된장녀'들을 만나 서로 믿고 끌어주는 어느 미래의 모습을. 사회에서 조롱하는 소위 말하는 '취집'을 위한 허영으로 가득한 설익은 된장녀들이 아닌, 끊임없이 자기 발전에 목마른 건강한 욕망을 가진 서른의 된장녀, 마흔, 쉰에도 현장에서 건재한, 마치 청국장처럼 특유의 강하고 톡 쏘는 건강한 된장 냄새를 풍기는 성숙하고 책임감 있는 그녀들과 함께 꿈을 이뤄나가고 싶다.

내 20대보다 한층 솔직하고 역동적인 동생들을 보면서
대견하기도 하고 부럽기도 하다.
또 가끔 그런 그녀들이 커리어에 대한 조언을 해올 때면 이렇게 대답한다.

"남에게 피해를 주지 않고 자기를 파괴하지 않는 선에서
내 삶에 대한 욕망을 가지는 건 나쁜 게 아니야.
그걸 얼마나 자기 발전의 원동력으로 잘 전환하느냐가 중요하지.
결국 자기가 원하는 것에 솔직하고 거기에 대놓고 적극적인 여자들이
인생에 더 많은 기회를 얻을 수 있을 거야."

사회에서 조롱하는 소위 말하는 '취집'을 위한 허영으로 가득한
설익은 된장녀들이 아닌, 끊임없이 자기 발전에 목마른
건강한 욕망을 가진 서른의 된장녀,
마흔, 쉰에도 아직도 현장에서 건재한, 마치 청국장처럼 특유의 강하고
톡 쏘는 건강한 된장 냄새를 풍기는 성숙하고 책임감 있는
그녀들과 함께 꿈을 이뤄나가고 싶다.

누구도 피할 수 없다
직장인 스트레스

"아나운서도 직장인인가요?"

처음 만나는 사람들에게 자주 듣는 질문이다. 텔레비전 화면 속에서 화려하게 차려입은 모습에 종종 연예인들과 어울려 프로그램을 하다 보니 의외로 많은 사람들이 아나운서가 직장인이란 걸 말 안하면 모른다. 하긴 나도 아나운서가 되기 전까지는 방송을 하지 않는 시간에 그들이 어떤 모습으로 살아가는지 전혀 상상을 하지 못했으니 어쩌면 이런 물음들이 당연할 수도 있겠다.

당연히 아나운서도 직장인이다. 1년에 한 번 방송국에서 '공채'라는 이름으로 피디와 기자, 방송 경영, 방송 기술, 카메라 기자 등 다양한 직종들을 모집할 때 아나운서 역시 이런 직종 군들 안에 포함되어 선발된다. 보통 매년 가을 즈음 시작하는 공채는 겨울로 넘어갈 때쯤 끝이 나니, 약 두 달 정도를 네다섯 단계에 걸쳐 서류부터 필기, 카메라 테스트, 심층 면접, 최종 면접까지 아주 사람의 애간장을 바싹바싹 태우다 거의 다 타서 재만 남을 즈음에 최종 발표를 한다. 게다가 요즘 부쩍 아나운서라는 직종이 인기를 얻으면서 그 경쟁률은 상상을 초월한다.

아나운서가 된 지 두 해 남짓 되던 즈음, 그 해도 어김없이 공채 시즌이 돌아왔고 회사에 출근을 하다 바로 옆 공개홀에 주욱 늘어서, 끝이 보이지 않는 아나운서 카메라테스트 줄과 마주친 적이 있다. 잔뜩 긴장한 채 면접 연습에 여념이 없는 지원자들 하나하나를 곁눈으로 빠르게 훑어나가며, 불과 2년여 전의 내 모습에 비해 훨씬 준비된 그들을 보면서 이들과 경쟁할 필요가 없어서 정말 다행이다 싶었다. 해가 갈수록 압도적으로 늘어만 가는 지원자 수에 오히려 지금 아나운서가 돼 있는 내 모습이 비현실적으로 느껴지기도 한다. 그나저나 난 어떻게 아나운서가 됐지? 나름 굉장히 열심히 준비를 했지만, 그렇게 치면 열심히 하지 않은 지원자가 어딨을까. 아무리 생각해도 그 해에 내가 정말 운이 좋았다는 말 외에는 설명할 길이 없다.

그렇다면 이렇게 힘들게 공채로 들어와서 아나운서들은 어떤 일을 하고 살아가는 걸까? 이쯤이면 사람들은 이렇게 말한다.

"직장인도 다 똑같은 직장인이 아니겠죠. 우린 만날 서류랑 씨름하고 재미없는 컴퓨터 모니터만 하루 종일 뚫어져라 봐야 되는데, 아나운서들은 연예인도 만나고 재밌는 프로그램들도 많이 하면서 돈도 벌고, 참 편하겠어요."

이쯤이면 슬그머니 떠오르는 10년도 더 된 기억이 있다. 당시 예고에 다니던 나는 내학 입시를 위해 전공이었던 한국무용 외에도 발레, 현대무용까지 하루 10시간 가까이 레슨과 연습으로 매일 파김치가 되어 집으로 돌아오곤 했다. 어느날 하굣길, 카이스트에 다니다 마침 방학을 맞아 서울에 올라온 둘째 언니가 현관문을 열고 들어오는 나에게 한마디 툭 던졌다.

"넌 좋겠다. 만날 학교 가서 놀고 춤만 추는데, 그걸로 대학도 갈 수 있고."

빠지직. 계속된 다이어트로 인한 체력 저하로 그날따라 컨디션이 바닥을 치던 나, 별 생각 없는 언니의 '놀며 춤만 추는'이라는 한마디에 열을 받아 정수리에 핏대를 세우며 '예술의 피맺히는 고통을 모르는 무식한 소리'라며 한참 설전을 벌이다 결국 크게 싸워 몇 달간 서로 말을 섞지 않았다. 물론 언니와의 논쟁에 결론은 없었다. 애초에 서로의 입장이나 상황을 이해하려는 노력이 하나도 없었으니 어떻게 대화를 이어나갈 수 있겠는가.

아나운서가 어떤 일을 하는지 전혀 모르는 사람들에게 우리의 일과

스트레스에 관해 설명해야 할 때 그 옛날 둘째언니와 다툴 때처럼 벽에 대고 얘기하는 느낌이 든다. 하지만 생각해 보면 나조차 아나운서가 되기 전에는 텔레비전에 자주 나오는 백지연, 황현정 언니들의 모습을 통해서만 그 직업을 이해했으니 누구를 탓할 수도 없는 노릇이다. 또한 갓 아나운서가 됐을 때는 솔직히 나도 그들 말처럼 매일 텔레비전에서만 보던 멋지고 재밌는 사람들과 같이 일하는 데다 그걸로 돈까지 벌다니, 얼마나 환상적인 직업인가 하는 생각을 하기도 했다. 그러다가 방송계가 얼마나 치열하면서도 냉정한지 알게 된 후부터 더 이상 즐길 수만은 없게 됐지만 말이다.

▾ ▾ ▾

갓 수습딱지를 뗀 시절, 친한 K선배와 점심을 먹던 중 선배가 말했다.

"난 정말 아나운서라는 직업이 좋아. 늘 새로운 사람들을 만나고 또 긴장감을 팽팽하게 유지할 수 있는 직업이잖아. 상대적으로 회사 분위기도 자유롭고. 근데 말이야, 개편이 돌아올 때마다, 그리고 종종 하던 방송 프로그램에서 미리 통보도 없이 잘릴 때 느끼는 순간적인 스트레스 지수가 익스트림리 인텐스하다고 생각하지 않니? 가끔 사람들이 방송도 안 나오는 아나운서들이 월급만 많이 받는다고 흉볼 때마다 정말 화난다구. 우리의 순간적인 스트레스가 얼마나 높은지

알게 된다면 그런 소리는 못할 텐데…….'

 당시엔 아직 첫 프로그램조차 투입되지 않은 생초짜였던 터라 하던 프로그램에서 잘린 경험도, 분기마다 돌아오는 개편의 폭풍을 맞아본 적도 없었기에 나는 선배의 말을 다 이해하지 못했다. 단지 예쁘고 영어 잘하는 멋진 선배가 '익스트림리 인텐스extremely intense'라는 단어를 입밖에 꺼낼 때 형편없이 찡그려지는 그녀의 얼굴 근육을 보면서 막연히 '아……, 그게 엄청 힘든 거구나' 하고 짐작만 했을 뿐.

 어느덧 시간이 흘러 당시 선배의 연차가 되니 선배의 넋두리가 가끔 사무치게 생각난다. 회사에서 일하는 5년 남짓, 뉴스부터 예능, 라디오까지 다양하게 거쳐 오면서 일이 잘될 때는 보람 있고 우쭐하기도 했지만, 프로그램에서 잘린 걸 나 혼자만 모르고 있다가 마지막 녹화 당일, 대본에 쓰여 있는 나의 하차 인사말을 보고서야 알게 되는 황당한 일도 경험하면서 말이다. 1년에 두 번 있는 개편철이 될 때마다 이번에는 어떤 칼바람이 누구 목을 칠지에 대해 두려움에 떨어 보기도 하고, 진행하던 프로그램이 한순간에 사라지고 당장 그날부터 텅 빈 사무실에 혼자 앉아 하루 종일 걸려오는 전화를 받으며 본의 아니게 전화 상담원 노릇을 하던 시절도 있었다.

 수년간 이런저런 경험을 하고 서러움에 혼자 회사 화장실 구석에서 눈물콧물 짜보기도 하면서 이제는 선배가 말한 그 익스트림한 스트레스가 어떤 건지 알 것도 같다. 하지만 아나운서는 끊임없이 외부로부터 평가를 받는 직업이고, 다른 사람들의 관심을 받을 때 존재의 의미가 배가 되는 직업이니 만큼 이런 스트레스쯤이야 한평생 가지고 갈 무좀이나 신경성 위염 정도로 여기는 게 마음이 편할지도 모른다.

이렇게 늘 남의 입에 오르내리는 게 일상이다 보니 시청자들은(심지어 몇몇 방송 관계자들조차) 쉽게 짐작한다. 대부분의 아나운서들은 많은 사람들이 보는 프로그램은 더 열심히 하고, 많이 노출되지 않는 프로그램인 새벽 시간 라디오나 평일 오전의 텔레비전 쇼는 중요 프로그램들보다는 소홀히 할 거라고. 그래서 별 인사말 없이 그냥 프로그램에서 사라지거나 아예 그 프로그램 자체가 없어져도 별로 섭섭해하지 않을 거라고. 하지만 경험상 진행자에게는 중요하지 않은 프로그램은 없다. 만일 그 프로그램이 변두리 시간대에 배정되어 있다 해서 진행조차 변두리스럽게 해버린다면 그거야말로 내가 후진 아나운서라고 광고하는 것밖에 더 되겠는가?

아나운서들은 방송을 계속하는 한 늘 선택을 받아야 하는 입장이다. 찾아주는 데가 많아서 이 프로를 할까, 저 프로를 할까 행복한 고민을 할 때도 있지만, 짧은 전성기가 지나면 방송 인생의 대부분 내가 선택을 하기보다는 누군가의 선택을 받아야 하는 순간이 훨씬 많아진다. 그리고 그 선택의 기준은 굉장히 주관적이다. 누군가는 풍부한 방송 경험으로 능숙하게 프로그램을 리드하는 능력을 최우선 기준으로 삼지만, 또 다른 누군가는 방송 능력과는 별개로 젊고 신선한 얼굴에 모험을 거는 것을 선호한다. 시청자들은 또 다른 기준으로 방송인을 선택한다. 어떤 이들은 똑 부러지게 뉴스처럼 진행하는 방송인을 좋아하지만, 또 어떤 사람들은 이런 방송에서는 인간미를 느끼기 어렵다며 조금은 어눌해도 인간적이고 편안한 진행자를 더 높이 평가한다.

그렇다면 나는 어떤 진행자일까? 진행하던 방송에서 연거푸 하차를 하던 그즈음의 나에게 던져본 질문이다. 여태까지는 상대적으로 젊다는 이유로 거저나 다름없이 프로그램들을 진행할 기회를 얻어온 나는 과연 '젊음'을 빼고는 나만의 스타일이나 기본기라는 게 있기나 했나? 10년 후, 아니 5년 후만 생각해도 그때도 지금처럼 많은 기회를 얻을 수 있을지에 대한 물음에도 회의적이기는 마찬가지였다. 매년 들어오는 신입 아나운서들뿐 아니라 끊임없이 쏟아져 나오는 개그맨, 탤런트, 그 외에 여러 분야의 능력 있는 진행자들 사이에서 내가 방송인이라는 이름을 유지할 수나 있을까 생각해 보니 갑자기 덜컥 겁이 나고 자신이 없어졌다. 더 두려운 건 지금보다 조금 더 회사를 다니다 보면 이런 고민을 하는 것조차 잊고 조직이 주는 안락함에, 매달 나오는 월급에 중독되어 방송인으로서 아무 색깔도, 능력도 없는 영락없는 그냥 '직장인'이 되어 버릴 것 같은 위기감이 든 것이다.

방송을 시작하면서부터, 아니 방송인이 되기로 마음먹었을 때부터 진작 했어야 할 고민들을 시간이 없다는 핑계로, 나는 남들과 다를 거라는 건방짐과 안일함으로 간과하고 미뤄뒀지만 이제는 더 미룰 수가 없었다. 가능한한 더 오래 카메라의 사각 프레임 안에 남아있고 싶다면 더 늦기 전에 치열하게 고민하는 수밖에. 나도 모르는 어느새 이 여의도 방송가의 '익스트림'한 스트레스 블랙홀의 진공관 속으로 빠져 들어가 자취도 없이 사라지고 싶지 않으면 말이다.

기회라는
여신의 뒤통수

살다 보면 누구에게나 기회가 한두 번은 찾아온다. 누군가에게는 그게 '인생은 한 방'이라고 믿게 만들 만큼 큰 기회일 수도 있고, 또 누군가에게는 그게 기회인지 아닌지도 모를 만큼 조용히 찾아와 머물렀다 온다간다 말도 없이 사라지기도 한다. 그런데 그 누구에게나 공평해 보이는 기회라는 녀석은 언제나 서든어택sudden attack을 좋아한다는 게 문제다. 전혀 그 기회를 내 것으로 만들 준비가 안 돼 있는 상황에만 덥석 들러붙으니 말이다. 앞에만 머리숱이 많고 뒷머리는 없다는 기회의 여신은 멀리서 달려오는 걸 기다렸다 앞머리를 확 낚아채야지, 이미 지나가는 그녀를 보고 '엇' 하면서 뒤통수를 잡으려면 절대로 잡히지 않는다고 하더니, 생각하면 할수록 맞는 말이지 싶다.

내 커리어에서의 첫 번째 기회도 그렇게 갑자기, 아무런 준비 없이 허둥대던 나를 덮쳤다. 스물일곱 살이 되던 초겨울, 이제 카메라 앞에서 입이나 겨우 뗄 정도였던 2년차 핏덩어리는 운 좋게 주말 〈뉴스데스크〉를 맡게 됐다. 중요한 프로그램을 맡았다는데 들뜨고 우쭐한 마음은 잠시, 내 앞에 놓인 현실은 초짜가 감당하기엔 하나부터 열까지 벅차기만 했다. 우선 월화수목 금금금 스케줄의 시작. 주중에는 월요일에서 금요일까지 매일 1시간짜리 〈화제집중〉 생방송과 두 시간짜리 데일리 라디오 〈세상을 여는 아침〉 녹음을 하고 주말에는 〈뉴스데스크〉 때문에 하루 종일 회사에 나와 있어야 했으니, 회사에 들어온 지 1년 만에 아나운서국에서 제일 바쁜 사람이 된 것이다.

▼ ▼ ▼

일주일 내내 생방송과 라디오 녹음에 허덕이다 이제 숨 좀 돌릴까 하면 주말, 나는 어김없이 오후 2시까지 회사 보도국에 출근을 한다. 보도국장님과 각 부서 담당 부장님들, 주말 뉴스 피디와 남녀 앵커가 모여 그날의 아이템 회의를 하고 나면 오후 3시. 오후 7시에 촬영하는 뉴스 예고를 위해서 메이크업을 받을 시간이다. 분장실에서 1시간가량 얼굴과 머리를 매만지고 난 후부터 저녁식사 전까지는 그날 방송에서 내가 전할 앵커 멘트 손질에 바쁘다. 기자의 취재분을 보고 그걸 얼마나 더 쉽게 시청자들에게 전달할지를 고민하는 중요한 작업이었다. 그날의 사건 사고부터 정치적인 이슈나 경제 분야까지. 지금 와서야 하는 말이지만 정치·경제·사회·문화의 현안을 널리 아우르는 풍부한 지식과 경험을 바탕으로 잘 차려진 진수성찬 같은 뉴스를 전달하기에 나는…… 너무나 어리고 무지했다.

"겨우 20대 중반의 사회 초짜에게 사회 전반에 대한 기본적인 이해나 성숙한 시각을 가지고 목소리를 내기를 바라는 건 그 당사자가 누구든 도를 넘은 기대가 아닙니까!"라고 아무에게도 들리지 않는 상상 속(그것도 모기만한 목소리로) 항변을 하면서 나는 그렇게 하루하루 버티기에 들어갔다. 뉴스 일선에서 일을 하던 선배들도 아마 이런 회의적인 시각을 갖고 있었던 것 같다. 왜 서구의 여러 나라들과는 다르게 우리나라는 아직도 50대 남자 앵커와 20대 중반의 여자 앵커 그림에서 벗어나지 못하는 걸까에 대한 물음을 품고서 말이다. 이미 나이로 보나 경력으로 보나 시작부터가 동등할 수 없는 관계, 동료라기보다는 부녀지간이 더 어울릴 법한 관계에서 젊은 여자 아나운서가 자기 목소리를 제대로 내기는 쉽지 않다. 게다가 이미 이런 언밸런스한 그림에 수십 년간 익숙해진 시청자와 방송 관계자들은 젊은 여자 아나운서에게 그렇게 많은 기대를 하지 않는다. 언제나 상큼하고 지적인 이미지로 그 자리에서 딱 그만큼의 노릇, 그러니까 무겁고 어두운 기사가 많은 뉴스의 특성상 분위기를 밝고 상큼하게 유지해 주는 역할을 하길 바랄 뿐이다.

여자 앵커의 역할에 대한 회의적인 시선들은 당사자인 나조차도 느낄 수 있을 만큼 때로는 노골적이기도 했다. 앵커 멘트를 쓰다 이해가 안 되는 기사가 있을 때, 잘 모르는 개념이나 이론이 등장할 때, 몇몇 선배들은 '왜 그렇게 복잡한 걸 알려고 하냐, 거기까지는 몰라도 된다'며 나의 질문을 일축해버리기도 했고, 가끔 '앵커 멘트는 진짜 본인이 쓰는 게 맞냐'는 몇몇 동료의 생각 없는 농담에 가뜩이나 여자라곤 나 하나밖에 없던 보도국 내에서 나의 자신감은 자꾸 아래로 곤두박질쳤다. 뉴스를 시작한 지 6개월이 채 안 된 어느 날, 문득 나도 모르게 계속 땅만 보고 걷는 나 자신을 발견했다. 겉으로는 좋은 기회를 잡아 주어진 일을 열심히 하고 있는 것처럼 보였지만, 당시 속으로는 결국 누가 해도 상관없는 일을 하고 있다는 자괴감을 떨칠 수 없어 괴롭기만 했다.

▼ ▼ ▼

주말 근무의 큰 고민거리 중 하나는 저녁식사였다. 사무실 밀집 지역의 특성상 주말이면 공동화되는 여의도에서 주말에 문을 연 가게를 찾기란 쉽지가 않다. 그러다 보니 자연히 괜찮은 저녁을 먹을 수가 없었고, 이런 고민 끝에 우리 뉴스 팀이 결국 정착한 곳은 회사 근처 중국집이었다. 주말 저녁식사 풍경은 매주 엇비슷했다. 저녁식사 시간까지 각자 흩어져 일하던 우리는 중국집 배달원 철가방의 등장과 동시에 좀비처럼 스르르 일어나 회의실로 쓰는 조그만 골방에 모이곤 했다. 메뉴는 언제나 자장면으로 통일, 그 흔한 짬뽕 메뉴도 시킨 사람이 하나 없었다. 배달원이 자장면과 서비스 군만두 몇 접시, 단무지 그릇들을 책상 위에 놓기가 무섭게 누가 시키지도 않았는데 부지런히 비닐을 벗기고 있는 나를 발견하곤 이게 바로 학습된 사회화라며 혼자 쓴웃음을 지은 적도 있었다.

스물네 살, 지방의 계약직 아나운서로 처음 사회생활이란 걸 시작했을 때였다. 신입사원들을 위한 첫 회식 자리에서 보도국장님께서 내가 앉은 옆 자리로 오시더니 앞으로 일 열심히 하라며 술 한잔을 권하셨다. 당시 사회생활에 대해 알 턱이 없던 나는 앞에 놓인 빈 소주잔을 '탁' 소리나게 엎으며 깜찍하게 말했다.

"국장님! 저는 술 안 마셔요. 사이다로 주세요."

나에게 소주를 따라주기 위해 소주병을 들고 계셨던 국장님, 멋쩍은 듯 입만 몇 번 쩍쩍 다시더니 곧 내 시선을 피하셨다. 다음 날 나는 보도국으로 질질 끌려가 훈계를 듣고 하루 종일 눈물 콧물 질질 짜며 쓰디쓴 사회 생활의 첫 맛을 봤으니, 이제는 '자장면 그릇 비닐쯤은 막내인 내가 벗겨야 한다'는 정도의 눈치는 생겼다.

밥을 먹을 때도 마찬가지였다. 어른들이 먼저 드실 때까지 기다리기, 늘 자장면에 비해 단무지가 터무니없이 모자란 상황에서 웬만하면 단무지는 세 개 이상 집어먹지 않기, 어른들과 속도 맞춰 먹기, 다 먹고 그릇 정리는 당연히 내가 하기.

여기에 불만을 가지는 건 아니었다. 우리 부모님이나 할아버지를 생각하면 '예절'이라는 이름 아래 상식선에서 너무나 당연한 행동들이었기 때문이다. 나 역시도 그렇게 교육을 받고 자랐다. 하지만 엄연히 동료로 일하는 회사 사람들에게도 '장유유서'를 적용해야 한다는 건 그들과의 관계가 '동료'이기보다는 절대적으로 '어른과 아랫것'에 가깝다는 방증일 것이다. 선후배를 무시하자는 게 아니라, 너무나 연차가 많이 차이 나는 어른들과 함께 일을 하다 보면 이렇게 조그만 것에서부터 나도 모르게 자꾸 '아랫것' 마인드가 발동해 정작 일로 내 목소리를 내야 할 때조차 그게 잘 안 되는 경우가 많은 현실에 대해 느끼는 아쉬움에 대한 얘기다. 어쨌건 뉴스를 하던 그 1년간 매 주말 먹는 속도에 신경 써가며 단무지 없는 맨 자장면을 먹었던 나는 몇 번의 소화불량에 시달린 후, 디저트로 으레 소화제 한 알씩을 먹는 요령을 터득하며 완전한 사회인으로 거듭났다.

누가 강요해서 이런 행동들을 하는 건 절대로 아니었다. 요즘 시대에 이런 걸 강요하는 간 큰 남자들이 있을까. 하지만 여기서 중요한 포인트는, '그들의 세계에 진정 동화되고 싶다면 그들의 암묵적인 질서를 따라야 한다'는 것이다. 물론 몇 년 전 멋모르던 내가 '저는 술 말고 사이다'라고 당돌하게 저지른 것처럼 국장님과 부장님들이 다 자장면으로 통일할 때 '저는 자장면 말고 닭가슴살 샐러드'라고 당당히 내 목소리를 낼 수도 있었겠지만, 그 이후 내 회사 생활은 장담할 수 없을 것이다. 참고로 부산 MBC에서의 그 사건 이후 나는 장장 6개월 동안 아무 방송도 맡지 못한 채 골방에 앉아 카세트에 대고 아무도 들어주지 않는 내 목소리를 녹음하고 모니터를 하는 일만 지루하게 반복해야 했다.

▼ ▼ ▼

1년 후, 화려했던 시작과 달리 나는 조용히 〈뉴스데스크〉에서 잘렸다. 섭섭한 마음이 없지 않았지만 그보다는 이제 더 이상 주말에 자장면을 먹지 않아도 된다는 홀가분함이 훨씬 컸다면 지난 1년간의 내 고민들이 좀 설명이 될까. 하지만 한편으로는 그렇게 필사적인 노력을 했는데도 결국 그들의 세계에 동화되는 데 실패한 것같이 느껴져 속상하기도 했다. 마지막까지 뉴스 팀에서 나만 겉도는 것처럼 느껴졌고, 함께 진행했던 기자 선배와도 프로그램이 끝날 때까지 데면데면 마음으로 가까워질 수 없었기 때문이다. 그 후로도 나는 그 선배를 우연히 볼 때마다 '내가 좀 더 잘했다면 우리는 더 가까워질 수 있었을까'라며 아쉬워 했다.

언젠가 몇몇 여자 선배들과 커리어에 대한 얘기를 나눈 적이 있었다. 한때 우리나라 아나운서의 대표 얼굴, 회사의 간판이었던 그녀들.

선배들 역시 돌이켜 보면 20대 시절 자신들의 방송생활에서 가장 굵직한 기회들을 많이 만났고, 그만큼 시행착오도 엄청 많이 겪었다고 말했다. 그리고 이제는 훌쩍 40대가 된 선배들은 입을 모아 결혼도 하고 아이도 낳은 지금 그들에게 기회가 온다면 훨씬 더 깊어진 방송을 보여줄 수 있을 것 같은데 늘 젊고 신선한 여자 아나운서만 찾는 방송 현실이 많이 아쉽다고, 우리가 조금씩 이런 환경들을 개선해 나가야 한다고 말한다.

조금 시야를 넓혀 보면 이런 현상은 방송계뿐 아니라 사회 각 분야에 전반적으로 퍼져 있다. 여자일수록 특히 '젊은 피'를 선호하는 사회. 우리 사회가 아직도 수십 년 온몸으로 부대껴 살아남은 커리어 우먼들의 연륜과 경험을 높이 사기보다는 그저 20대 파릇파릇한 사회 초년생의 신선함을 더 큰 미덕으로 삼기 때문일 것이다. 나와 내 선배들이 그랬듯 직장인이 되고 얼마 안 있어 얼떨결에 큰 기회를 잡은 그녀들은 당시에는 그게 기회인 줄도 모르고 놓쳐버리거나, 용케 잘해낸다 해도 쫓기듯 또 다른 능력을 보여줄 기회를 찾느라 여념이 없어 자신의 성취를 즐기기는커녕 엄청나게 스트레스를 받고 있을지도 모른다. 너무 숨이 턱에 닿게 달리지 않아도 된다고, 좀 여유를 가지라고 말해 주고 싶지만 우리나라 커리어 우먼의 현실은 조금이라도 젊을 때 탈진해 쓰러질 때까지 달려야 한다. 씁쓸하지만 아직까지는 그게 현실이다.

서른이 훌쩍 넘은 이제는 모두가 자장면을 시키던 고요한 회의실에서 '난 닭가슴살 샐러드!'라고 말할 배짱과 연륜이 생겼다. 하지만 몇 년이 흘러도 여전히 보수적인 대한민국 직장들의 분위기 속에서 그게 통할지는 미지수다. 그저 내 선배들이 묵묵히 노력해 온 만큼, 그리고 지금도 나와 내 또래 열혈 커리어 우먼들이 열심히 이런 고민들을 하고 있는 만큼 멀지 않은 미래에 '언니들 전성시대'가 오기를 기대해볼 뿐. 그때는 메인 뉴스에서 40, 50대 여자 앵커를, 오프라 윈프리 같은 토크쇼 진행자를 볼 수 있었으면 좋겠다. 나 역시 결혼이나 출산, 육아 등의 고비를 무사히 넘긴 중년이 되면 어설프기만 했던 20대 시절과는 달리 아무리 멀리서 달려오는 기회도 수백 미터 전에 미리 알아보고 정수리 머리카락을 휙 하고 낚아챌 수 있는 배짱도, 일과 사생활 사이의 균형을 맞추는 여유도 가질 수 있지 않을까 기대해보며 말이다.

나와 내 선배들이 그랬듯이 직장인이 되고 얼마 안 있어
얼떨결에 큰 기회를 잡은 그녀들은 당시에는 그게 기회인 줄도 모르고
놓쳐버리거나, 용케 잘해낸다 해도 쫓기듯 또 다른 능력을 보여줄 기회를
찾느라 여념이 없어 자신의 성취를 즐기기는커녕 엄청나게
스트레스를 받고 있을지도 모른다.
너무 숨이 턱에 닿게 달리지 않아도 된다고, 좀 여유를 가지라고
말해 주고 싶지만 그게 현실이다.
우리나라 커리어 우먼의 현실은 조금이라도 젊을 때
탈진해 쓰러질 때까지 달려야 한다.
씁쓸하지만 아직까지는 그게 현실이다.

내 선배들이 묵묵히 노력해 온 만큼,
그리고 지금도 나와 내 또래 열혈 커리어 우먼들이
열심히 이런 고민들을 하고 있는 만큼
멀지 않은 미래에 '언니들 전성시대'가 오기를 기대해 본다.
그때는 메인 뉴스에서 40, 50대 여자 앵커를,
오프라 윈프리 같은 토크쇼 진행자를 볼 수 있었으면 좋겠다.

대한민국에서
여자 아나운서로
산다는 것

일주일 여름휴가의 끝, 상쾌한 몸과 마음으로 다시 출근을 하는 날. 날씨도 좋고, 모처럼 아침 볼일도 시원하게 봤고, 매일 복작거려 쉽게 자리를 찾기 힘든 회사 주차장에 웬일로 빈자리까지 떡하니 나를 기다리고 있으니, 오늘 일진이 괜찮다. 사뿐사뿐 춤추듯 건널목을 건너 회사로 들어가 6층 아나운서국으로 올라가는 엘리베이터 속 거울 너머로 복장 체크도 꼼꼼히, 일찍부터 서둘러 메이크업도 정성들여 했더니 내 모습이지만 오늘은 봐줄 만하다. 사무실에 들어가 굿모닝~ 씩씩하게 아침 인사를 하고 자리에 앉는 순간, 이게 뭐지? 큼지막한 상자 하나와 노란 서류봉투 하나가 책상 위에 얌전히 놓여 있었다.

'서현진 아나운서님 배상'이라 쓰여진 상자를 들어보니 나름 묵직한데 흔들어 보니 뭐가 출렁거렸다. 뭐지, 뭘까? 두근거리는 마음에 상자의 스카치테이프를 커터 칼로 자른 뒤 내용물을 보는 순간, 헉! 스티로폼 포장 용기 속에 소고기 도가니 부위였을 것으로 추정되는, 이미 푸르딩딩한 곰팡이로 뒤덮인 고깃덩이들이 빼곡히 들어차 있다. 배달 중에 냉동 포장이 벌써 녹은 데다 더운 여름 날씨에 고기는 썩어 문드러져 그 악취가 한 번만 스쳐도 욕지거리와 함께 구역질이 날 정도였다. 자세히 보니 조그만 메모지가 보였다.

'요즘 화면으로 보니 기운이 없어 보여서 도가니 좀 보내요. 끓여 드시고 힘내세요.'

오 마이 갓! 이건 지능적인 안티의 소행이 아니고 무엇이더냐.

사무실에 있는 문이란 문은 다 열어 환기를 시켜 겨우 그 난리통을 정리하고 다시 자리에 앉아 이번에는 노란 봉투를 물끄러미 노려본다. 저건 또 뭘까? 봉투 겉면에 이름을 보니 도가니 남과는 다른 이름이다. 좀 전의 충격으로 편지를 뜯어보기가 망설여지지만 결국 호기심을 참지 못하고 내 손은 이미 반 이상 봉투를 뜯고 있었다. 이게 뭐지? 이번에는 한 뭉치의 서류더미였다. 50대 중반 남성의 것으로 추정되는 주민등록등본, 부인과의 이혼서류에다 헌혈증까지. 뭐 하나 공통점을 찾으려야 찾기 어려운 난해한 구성에 한 번 갸우뚱하고 이어지는 편지 내용에 또 한번 어이 상실이었다.

'제 이혼서류와 주민등록등본 동봉합니다. 아내와는 잘 정리됐습니다. 그럼 현진 씨의 대답을 기다리겠습니다.'

나, 지금 청혼받은 거지? 이번에는 정말 어이가 없어서 헛웃음이 나왔다. 도대체 이 사람은 누굴까? 몇 달 전 내 휴대폰으로 '밤길 조심하라'는 메시지와 함께 자신의 증명사진을 첨부해 보낸 머리가 살짝 벗어진 어르신일까? 아니면 내 지인의 스피치 사무실에 가서 수백 만 원의 상품권 봉투를 내밀며 '곧 현진이와 결혼할 사이라 대신 인사를 왔다'고 했던 중년의 남성일까? 나름 추리를 해봐도 도통 적당한 인물이 떠오르지 않아 우선 이 둘을 용의 선상에 올려놓는다.

정도나 방식의 차이는 있지만 나를 비롯한 동료 여자 아나운서들 대부분이 다양한 유형의 극성 팬(이라 쓰고 스토커라고 읽는)에 시달리고 있다. 10년 넘은 충성스러운 극성 팬이 자신이 운전하는 차 보닛 위로 돌진하는 어처구니없는 사건 이후 꽤 오랫동안 출퇴근 시 회사 정문 청원경찰 총각의 에스코트를 받아야 했다던 모 선배부터 자신을 만나주지 않으면 방송국을 폭파해 버리겠다고 협박하는 팬 때문에 한바탕 큰 소동을 치른 옆 동네 방송국 후배까지. 그렇다면 그들은 연예인도 스타도 아닌, 단지 방송을 업으로 삼고 있는 직장인일 뿐인 우리 여자 아나운서에게 왜 이렇게 집착하는 걸까.

그러고 보면 우리나라 사람들이 '여자 아나운서'라는 특정한 직업에 갖는 관심은 대단하다 못해 경이롭기까지 하다. 하지만 그 관심의

실체를 들여다보면 모순 그 자체다. 이 모순은 아나운서라는 직업 앞에 붙는 수식어만 봐도 쉽게 드러난다. 한편에서는 가장 진부한 표현인 일등 신붓감부터 최근에 새로 생긴 알파걸, 엄친딸에 이르기까지 찬양 일색의 시선이 존재하는가 하면, 반대편에는 이미 욕 중에는 고전에 속하는 앵무새라거나 된장녀, 혼테크족 같은 싸구려 신조어까지 생겨 아주 그 표현이 버라이어티하다. 모 포털 사이트에서 '여자 아나운서'라고 치면 '아나운서를 사귀려면 연봉이 얼마나 돼야 하나요?' 같은 질문이 자동적으로 뜰 정도니 아나운서에 대한 사람들의 인식은 알 만하다. 아나운서를 보는 이런 이중적인 시선 대부분이 '결혼'에 맞춰져 있다는 것도 정말 둔한 사람 아니면 쉽게 알아차릴 수 있다. 하지만 진짜 문제는 여자 아나운서에 대한 대중인식의 저변에는 공통적으로 수동성과 아마추어리즘이 전제되어 있다는 것이다.

일등 신붓감이라는 표현은 뭐 고맙다. 그 사람 개인을 보기도 전에 직업만으로 이렇게 환대를 받는 건 흔치 않으니 말이다. 하지만 이런 칭찬들을 마냥 기분 좋게 들을 수 없는 이유는 그 말들 안에 깔린 지극히 남성 중심적인 사고 때문이다. 결혼할 사람은 내가 자유의지로 결정하는 거지 타인에 의해 일등 혹은 이등이나 삼등으로 순위를 매겨지고 싶지는 않다. 도대체 누가, 누구 마음대로 순서를 매기는지 모르겠지만 기분이 편치 않은 것만은 분명하다. 말이 나왔으니 말이지만 '시집을 간다'는 말도 별로다. 사랑하는 남녀가 만나서 '결혼'을 하는 거지 여자가 남자에게로 '시집을 가는' 건 아니지 않나? 이렇게 말하면 대한민국의 수많은 마초들은 내게 아마 꼴페미_{정도가 심한 페미니스트를 가리키는 극단적인 단어}라고 원색적인 비난을 퍼붓겠지만 어쩔 수 없다. 직업병일 수도 있겠지만 시간을 두고서라도 꼭 개선되었으면 하는 표현이다.

　게다가 혼테크족이라는 비아냥거림에서는 여자 아나운서 전체를 그저 더 나은 배우자를 만나기 위한 발판으로 자신의 직업을 이용하는 여성들로 일반화하는 것 같아 불쾌하기까지 하다. 설사 그런 여자 아나운서들이 존재한다고 해도 굳이 찾자고 들면 그들뿐 아니라 세상에 존재하는 다양한 직업군의 여성들이 더 나은 배우자를 찾기 위한 필사의 노력을 할텐데 왜 굳이 여자 아나운서로 그 대상을 한정지어 성급한 일반화를 하고 마녀 사냥을 하느냔 말이다. 아무래도 직업의 특성상 매체에 의해 그녀들의 결혼이 다른 직업군 여성들의 그것보다 훨씬 더 다뤄질 기회가 많고 또 선정적으로 부풀려 각색되다 보니 이런 인식이 굳어져버린 게 아닌가 싶다.

▼ ▼ ▼

　지금까지만으로도 대한민국 여자 아나운서들, 충분히 피곤할 텐데 결혼을 하고 나면 진짜 문제가 시작된다. 몇몇 몰지각한 시청자들은 아홉 시 뉴스 여자 앵커가 결혼을 하고 신혼여행을 다녀오기가 무섭게 아줌마 앵커라 뉴스에 집중이 안 된다며 처녀 앵커로 교체를 요구하기도 한다. 결혼으로 인해 하루아침에 쪼그랑 할머니가 된 것도 아닐 텐데 심지어 방송 관계자들조차도 대놓고 말하지는 못하지만 좀 더 '상큼'한 이미지로 프로그램을 쇄신하겠다며 종종 멀쩡한 진행자를 신입사원으로 교체하기도 한다. 나 역시 한창 활발히 일하던 20대 후반에 결혼 계획에 대해 누가 물어보면 '일과 연애 중'이라거나 '아직 결혼은 먼 얘기'라는 둥, 결혼에 대해 마음에도 없는 구태의연하기 짝이 없는 대답을 하곤 했다. 일 욕심이 유난히 많았던 나는 남자친구가 있던 당시에도 결혼으로 인해 급속히 하강할 내 커리어가 걱정돼 그렇게 속물 같은 대답을 할 수밖에 없었다.

시대가 변할수록 조금씩 나아지고 있다고는 하지만 여전히 결혼한 여자 아나운서는 나이와 경력에 상관없이 이미지와 커리어에서 급속한 노화의 과정을 거치면서 결국엔 '안정적인 직장에 다니는 유한부인' 이미지에 갇혀 버리고 만다. 이렇게 되면 정말 아나운서가 결혼을 위한 직업이라는 걸 부정할 수 없는 딜레마에 빠지게 되면서 한편으로 도대체 이 사회안에서 여자 방송인에게 미래란 게 있나 싶어 가슴이 답답해진다. 대중들은 여자 아나운서의 단발머리와 정장, 똑 떨어지는 말투 같은 프로페셔널한 이미지(미용실에서 머리 자를 때 주로 쓰는 '아나운서 스타일'이라는 용어처럼)에 열광하지만 결국 그 직업 자체를 프로페셔널하게 보지는 않는 것이다. 인정하기는 싫지만 이게 바로 대한민국 여자 아나운서들의 현주소다.

여자 아나운서에 대한 대중의 하이에나 같은 시선들은 최근 각종 매체의 폭발적인 증가와 더불어 리포터, 기상캐스터, 스포츠 아나운서 등 여러 형태의 여자 방송인들이 많아질수록 더 집요하고 극성스러워지고 있다. 신입 여자 아나운서가 선발되는 순간부터 그 이름은 각종 포털 상위권에 오르고, 아나운서 섹시 의상, 뉴스 실수담, 남자친구, 결혼과 이혼, 남편들의 직업이나 집안 내력까지 속속들이 가십이 되어 포털 사이트의 메인 페이지를 장식한다. 이런 걸 보면 우리나라에 중요한 뉴스가 그렇게도 없나 싶은 마음에 한심하기도 하다가, 또 언제 사람들이 나를 놓고 저렇게 찧고 까불어댈지 몰라 덜컥 겁이 나기도 한다. 실제로 아나운서들 중 다수가 본의 아니게 구설에 휘말려 곤욕을 치루기도 하고 하루아침에 '여신'에서 '여시'(자신이 좋아하는 스타와 연애나 결혼이라도 하는 날이면)로 곤두박질치기도 한다.

아나운서라는 직업을 가지고 일하면서 일련의 현상들을 겪으며 어렴풋이 느낀 점은, 대중들의 기준에서 누군가의 일등 신부 혹은 일등 며느리가 되어야만 하는 운명에 있는 여자 아나운서들은 너무 끼가 많거나 섹시하거나 나댄다고 느껴지는 순간 그녀들은 공공의 적이 된다는 사실이다. 여자 아나운서들은 소위 말해서 '너무 튀면' 안 되는 것이다. 참하고 조신한 이미지의 대명사인 여자 아나운서가 스캔들이나 사생활로 이미지가 더럽혀지는 건 용납조차 할 수 조차 없는 일이고 말이다. 대중들은 뭐든지 적당한 수준의 '사랑 받을 만한' 여자 아

나운서들에게 열광하다가 조금이라도 자신들의 기준에서 벗어날라
치면 가차 없이 아웃시켜 버리고선 곧 언제 그랬냐는 듯 더 어리고 새
로운 여신에게도 관심을 옮겨간다.

▼ ▼ ▼

　결국 내가 유학을 준비하게 된 근본적인 이유 역시 대한민국에서
여자 아나운서로 살아간다는 것에 대한 정체성의 고민과 맞닿아 있
다. 아나운서라는 직업을 갖고 5년이 넘는 세월을 보내면서 때로는 필
요에 의해 나에게 쏠린 관음증에 가까운 시선을 발칙하게 이용하기
도, 즐기기도 했다. 하지만 결국 그 모든 게 부메랑처럼 나에게, 그리
고 나와 같은 아나운서를 꿈꾸는 내 후배에게 고스란히 돌아오는 걸
경험으로 알게 됐기 때문이다. 대중들이 여자 아나운서에게 요구하는
딱 거기까지의 선을 단호하게 넘어버리지 않는 한, 결국 나는 그들이
만들어낸 허상의 이미지에 갇혀버린다는 걸 깨닫기도 했고 말이다.
이쯤이면 머릿속에 떠오르는 시 한편이 있다. 도에 넘게 자유분방한
성 묘사로 유명한 마광수 교수의 시인데 트위터 시 봇bot에서 읽고 무
릎을 탁 칠 정도로 공감했던 그 글.

　　너무 앞서가도 안 되고
　　너무 뒤서가도 안 돼

너무 섹시해도 안 되고 너무 안 섹시해도 안 돼
너무 튀어도 안 되고 너무 안 튀어도 안 돼
한국에서 살기는 너무나 힘들어
_ 마광수, 한국에서 살기,《사랑의 슬픔》중

정말 그렇다. 대한민국에서 여자로 살기는, 그것도 여자 아나운서로 살기는 참으로 만만치 않다.

스페인
마르베야로!
인생의 터닝포인트

"서현진 씨, 키메라 씨 알아요? 키메라 씨 만나러 스페인 갑니다. 당장 다음 주니까 짐 싸세요."

　새로 시작하는 프로그램을 함께 하게 된 김재환 피디의 경쾌한 목소리가 전화기 너머로 들려왔다. 시청자들의 기억 너머로 사라진 당대의 스타들이 지금 어디에서 어떻게 살고 있는지 그들을 찾아가 만나보는 휴먼 다큐멘터리 〈네버 엔딩 스토리〉의 첫 프로젝트로 키메라 씨를 만나러 가게 된 것이다. 스페인이라…… 당시 스페인 유학에서 갓 귀국한 KBS 손미나 선배가 쓴 『스페인 너는 자유다』라는 책을 재미있게 읽었던 터라 스페인에 대해 막연히 관심은 있었지만 이렇게 빨리 갈 기회가 생기다니, 횡재한 기분이었다. 사실 키메라 씨는 내가 매우 어렸을 때 그것도 우리나라가 아닌 유럽에서 활동하시던 분이라 친숙하진 않지만 아직도 어르신들 세대에는 굉장히 강렬한 인상을 주셨던 분이니, 만나 뵙고 그동안 살아오신 얘기를 듣고 싶다는 생각도 들었다. 게다가 무슨 이유에선지 더 이상 예전처럼 방송에 긴장감을 갖지 못해 도통 신이 안 나는 요즘, 출장을 핑계로 이곳을 잠시나마 벗어날 수 있다니, 당장이라노 십에 가서 여행가방을 싸고 싶을 만큼 마음이 들떴다. 그리고 보니 회사에 입사하고 단 일주일이라도 온전히 나를 위해 쓴 시간이 없었던 것 같다. 그래, 출장이긴 하다만 이 기회에 지중해의 풍요로운 햇살에 제대로 광합성 한번 해보는 거야. 기다려라, 마르베야, 내가 간다!

▼ ▼ ▼

안달루시아 지방에서도 1년 365일 중 300일 이상이 온화한 날씨인 데다 멋진 해변까지 더해 유럽의 고급 휴양지로 소문난 마르베야. 2월 초의 한겨울 서울 날씨만 생각하고 눈사람 마냥 오리털 점퍼로 온몸을 꽁꽁 싸맨 나는 공항에 내리자마자 쏟아지는 지중해의 따사로운 햇살과 소금기 섞인 짭쪼름한 바다 냄새에 12시간이 넘는 장거리 비행의 피로를 순식간에 저 멀리 떨쳐버릴 수 있었다. 16밀리 카메라 하나 달랑 든 단출한 모습으로 내 옆에 걷고 있는 김 선배도 동그란 안경 너머로 눈을 반쯤 지그시 감고 이미 따뜻한 햇살을 즐기고 있었다. 스페인에서의 촬영, 시작이 좋다.

마르베야 시내에서 차로 달려 한 15분쯤 가니 영화에서나 나올 법한 으리으리한 집들이 무리지어 있는 언덕들이 펼쳐진다. 김 선배는 그중에서도 대궐 같은 집 하나를 가리키며 키메라 씨의 집이라고 했다. 웬만한 집 대문 세 개는 합쳐놓은 거대한 대문 크기에 한번 놀라고, 분명히 집터인데 그 안에 저 멀리 커다란 송신탑(집 안에 송신탑이?)이 보여 또 놀랐다. 초인종을 누르고 한참 있어도 대답이 없어 과감하게 담을 넘었다. 송신탑을 지나고 나서도 5분 이상 차로 들어가야 닿을 수 있는 본채. 중간중간 가는 길에 잘 가꾸어진 나무들과 이름 모를 이국의 꽃 색깔들이 너무나 고와서 한참을 넋 놓고 바라보았다. 마침내 차에서 내려 주위를 돌아보니 펼쳐지는 별천지. 선생님이 엄청난 부호라는 건 알고 있었지만 이건 상상 이상이었다. 크기가 족히 한강 야외수영장 중간 풀장 사이즈쯤은 되어 보이는 개인용 풀장을 지나니, 하늘을 향해 곧게 뻗은 이국의 이름 모를 나무들 사이로 시원하게 물줄기를 쏟아내는 인공 분수가 보였다. 바로크 풍의 웅장한 대리석 계단을 한참이나 걸어 올라가니 저 멀리 온통 하얀 옷을 입고 하얀 챙 모자까지 멋지게 쓴, 앙드레김을 연상시키는 키메라 선생님이 온화한 웃음으로 우리를 맞이했다. 맞잡은 선생님의 손이 엄청 따뜻했다.

"웰컴, 오느라 고생 많았어요." 이렇게 우리의 첫 만남은 시작됐다.

선생님은 유쾌한 사람이었다. 언제나 밝고 긍정적인 기운으로 충만한 그녀를 보면서 성공하는 사람만이 가진 특유의 에너지를 느낄 수 있었다. 선생님뿐만 아니라 〈네버 엔딩 스토리〉를 진행하면서 만난 많은 인터뷰이들을 통해 성공한 사람들의 인생에는 공통점이 있다는 걸 자연스럽게 알게 됐다. 어떤 상황에서도 안 된다는 생각을 절대 하지 않는 낙관성, 무언가를 하고 싶은 마음이 들면 망설이지 않고 바로 시작하는 추진력, 그러면서도 남을 먼저 생각하는 배려심 등 이 특징들이 바로 그들이 어떤 일을 하더라도 성공할 수밖에 없는 비밀의 열쇠였다.

키메라 선생님 역시 이런 특징들에 정말 잘 부합하는 사람이었다. 우리 나이로 쉰이 훨씬 넘은 그녀는 젊은 시절부터 인생의 갈림길마다 당시 여자들로선 상상할 수 없는 과감한 결단들을 내렸다. 대학에서 성악을 공부하던 그녀는 졸업 무렵 성악으로 성공하겠다는 일념으로 당시 정말 드물던 파리로의 유학을 선택했고, 혈혈단신 파리에 간 뒤 통역 일을 비롯한 다양한 아르바이트를 하며 학비를 벌어 고학을 했다. 그러던 중 현재의 남편 나카시안 씨의 끈질긴 구애로 당시로서는 파격적인 국제결혼을 했다. 나카시안 씨는 레바논 사람이다. 그 당시 대다수 우리나라 사람들은 레바논이라는 나라가 지구상에 존재하는지조차 모르지 않았을까? 하지만 그녀는 사랑 앞에서 용감했다. 나카시안 씨는 그녀의 예술을 잘 이해하는 데다 재력까지 있어서 그녀가 팝과 오페라를 접목한 '팝페라'라는 새로운 장르에 도전하는 데 아낌없이 후원했고, 그녀는 결국 파리 사교계를 넘어 전 유럽에 유명세를 떨칠 수 있었다.

하지만 한창 예술가로서 꽃을 피우던 시기에 믿을 수 없는 일이 일어났다. 그녀의 재력과 명성을 시기한 사람들이 그녀의 딸 멜로디를 납치한 것이다. 이 뉴스는 당시 유럽 전체를 떠들썩하게 만들었고, 후에 〈랜섬〉이라는 할리우드 영화의 모티브가 되기도 했다. 다행히 딸이 무사히 돌아오긴 했지만 자신의 유명세 때문에 사랑하는 딸에게 그런 일이 생겼다는 자책과 충격으로 키메라 씨는 다시 무대 위에 설 수 없었다. 세월 속에서 멜로디와 키메라 씨의 막내아들은 벌써 대학을 졸업할 정도로 훌쩍 컸고, 그녀는 오직 엄마로 살면서도 생활 속에서 조그마한 도전들을 멈추지 않았다. 내가 마르베야를 방문했을 때 키메라씨는 한창 경비행기 조종사 자격증을 따기 위한 훈련을 받느라 바쁜 나날들을 보내고 있었다. 아마 모르긴 해도 그녀의 도전은 무대에서 사라져 있던 순간에도 평생 동안 이어져 왔을거란 생각이 들었다.

그리고 쉰이 훨씬 넘은 지금, 키메라 씨는 새로운 도전을 준비하고 있다. 하루 종일 온 식구들을 챙기느라 바쁜 그녀는 모두가 잠든 밤이 되면 집안 구석에 있는 녹음실로 들어가 세월에 녹슨 목소리를 갈고 닦으며 언젠가 다시 무대에 설 날을 꿈꾼다. 그 꿈은 잊혀진 한 예술가의 개인적인 꿈만이 아니다. 가족을 지키기 위해 많은 희생을 치러

내느라 한동안 자신을 잊고 살아온 어머니들 모두의 꿈이다. 도전 자체만으로도 결혼과 육아, 일 사이에서 방황하는 많은 우리 세대 여성들에게 어느 상황에건 여자로서, 한 인간으로서 내 이름을 포기하지 않고 살아가라는 귀중한 교훈이 담긴 꿈 말이다.

나 역시 미래에 대한 이런저런 걱정으로 심적 방황을 겪었던 터라 그녀의 도전과 노력이 남달리 느껴졌다. 겨우 서른에 들어서 나이 운운하며 현실에 안주하려 했던 나는 나이 쉰에도, 아니 숨이 끊어질 때까지 계속 꿈을 꿀 만반의 준비가 된 그녀를 보면서 많이 부끄러웠다. 그리고 하필 지금 이 시기에 그녀를 만나러 스페인까지 오게 된 상황이 단순한 우연이나 행운을 넘어 운명처럼 느껴졌다. 그렇게 나의 멋진 인생선배이자 멘토인 그녀와의 일주일은 쏜살같이 흘러갔다.

▼ ▼ ▼

촬영 마지막 날, 키메라 선생님과 나는 이미 엄마와 딸처럼 허물없는 사이가 되었다. 그녀는 나를 그냥 보내기 아쉽다며 요트를 직접 운전해서 나를 바다로 데리고 나갔다. 몇 년의 시간이 흐른 지금도 코끝에 싸하게 감겨오던 그날의 바다냄새가 기억속에 생생하게 남아있다. 2월 마르베야 앞바다의 잔잔했던 파도, 그날 입었던 키메라 선생님께 빌린 새하얀 털조끼의 감촉, 요트 위로 부서지던 따사로운 햇살과 옅은 코발트 빛 바다, 선생님이 손짓하는 저 너머로 보이는 모로코 하늘에 번지던 붉은 석양도…….

　마르베야 항구에서 요트를 몰고 나온 지 10분이나 됐을까. 우리는 요트를 잠시 멈추고 아무도 없는 평화로운 바다의 잔잔한 리듬에 몸을 맡겼다.

　"현진, 여기서 조금만 더 배를 몰고 나가면 저~어기, 바로 손에 닿을 듯한 곳이 모로코야. 믿어져? 그 넓은 세상이 이렇게 사이좋게 서로 등을 맞대고 내가 손을 뻗는 그곳에 있다는 게? 인생에 기회는 이렇게 바로 내 옆에 있을 때가 많아. 내가 알아채지 못할 뿐이지."

　특유의 우아한 몸짓으로 나를 향해 몸을 돌린 후 선생님은 웃음기 섞인 목소리로 말을 이어갔다.

　"꿈을 갖고 살아 현진아, 그리고 나중에 나처럼 나이 먹은 후에도 지치지 말고 계속 또 다른 꿈을 가져. 멋진 남편도 아니고 그럴 듯해 보이는 네 직업도 아닌 그 꿈이 네 인생을 가치 있게 만들 거야."

　따사로운 오후의 햇살에 취해 갑판 운전석 뒤에 늘어져 반쯤 눈을 감고 있던 나는 선생님의 목소리에 어느덧 정신이 번쩍 들었다. 그리고 선생님이 손짓한 저기 바로 앞에 닿을 듯한 모로코 쪽 바다의 일렁이는 파도와 함께 내 심장도 서서히 고동치기 시작하는 걸 느꼈다.

여기서 조금만 더 배를 몰고 나가면 바로
손에 닿을 만한 곳이 모로코야.
믿어져? 그 넓은 세상이 이렇게 사이좋게 서로 등을 맞대고
내가 손을 뻗는 그곳에 있다는 게?
인생에 기회는 이렇게 바로 내 옆에 있을 때가 많아.
내가 알아채지 못할 뿐이지. 꿈을 갖고 살아.
그리고 나중에 나처럼 나이 먹은 후에도
지치지 말고 계속 또 다른 꿈을 가져.
멋진 남편도 아니고 그럴 듯해 보이는 네 직업도 아닌
그 꿈이 네 인생을 가치 있게 만들 거야.

… ▲▲
▲

지금 이 순간이
아니면
안 되니까

고작 일주일간의 스페인 출장은 내 삶의 많은 걸 바꿔놓았다. 20대 대부분을 방송에만 올인하느라 별다른 사생활이 없었으니, 인생과 자아, 혹은 존재 가치에 대한 거창한 고민 따위를 할 여유도 방법도 몰랐던 내가 키메라 씨를 만난 후 인생에 대해, 서른 이후의 커리어나 마흔의 내 목표 같은 거시적인 문제에 대해 진지하게 생각하기 시작했다. 좀 더 잘나가는 방송인이 되고 싶다는 욕심 외에 나에게 진정 '꿈'이라 부를 수 있는 무언가가 있었던가? 자연인 서현진은 어떤 삶을 꿈꾸고 있는지, 30대 후반, 40대가 되면 나는 어디에서 어떤 모습으로 살아갈까에 대해 시간이 날 때마다 노트 하나를 펴놓고 두서없이 글로 써 내려가기 시작한 지 얼마 지나지 않아 두꺼운 노트 한 권을 빼곡히 채우게 됐다.

'나이 서른에 참 한심하게도 내가 앞으로 뭘 하고 싶은지도 잘 모르겠다. 내 인생을 걸고 이루고 싶은 꿈이 뭘까? 난 뭘 위해 이렇게 앞만 보고 달려가는 걸까? 나도 모르는 사이에 내 나이에 비해 모든 부분에서 너무 많이 늙어버린 것 같다. 지친 걸까? 우선 좀 쉬고 싶어……. 지금 나에센 시간이 필요해. 내 인생에 대해 생각할 여유와 시간이. 여행을 가볼까? 아님 큰 맘 먹고 유학을 떠나볼까?'

막상 속에 품고 있던 말들을 적어 내려가다 보니 이것만으로도 가슴이 후련해지면서 동시에 내가 무엇에 붙잡혀 이런 것들을 지금까지 못하고 살았을까 싶다. 꿈을 꾸기보다 하루하루 그저 아나운서, 진행자, 회사원같이 그때그때 주어진 역할에만 충실하기에 급급했던 나를 붙잡는 건 다른 누구도 아닌 내 욕심과 집착이었다는 걸 깨달았다. 처음 방송을 직업으로 삼겠다고 나름 큰 결심을 했을 때는 방송을 할 수 있는 환경만 주어져도 평생 행복할 거라 생각했다. 그런데 겨우 5년 남짓 지난 지금의 나는 어느새 끝없이 더 위로만 올라가려 발버둥을 치고 있었다. 나를 위해서 지금쯤 '디톡스' 시간을 가져야겠다는 생각이 절실하게 들었다. 피곤에 전 몸과 안 좋은 습관, 인스턴트 식품들에 찌들어 있을 때 가끔씩 단식을 한다거나 레몬물만 마신다거나 하는 디톡스. 커리어에도, 나아가 인생에서도 어느 구석엔가 끼어 있으면서 내 삶을 좀먹을 그 독소를 뽑아내는 일이 어느 시점에는 꼭 필요하구나 싶었다.

마침 일에 있어서도 타이밍이 딱이라고 해야 하나, 굴욕이라고 해야 하나. 수년간 대세로 여겨지던 아나테이너 열풍이 점점 꺼지면서 진행하던 프로그램도 조금씩 줄어들고, 예전처럼 섭외 전화들도 그리 많지 않은 지금이 오히려 인생의 장기전을 준비하기에 절호의 기회가 될지도 모른다는 생각이 들었다.

방송국에 들어온 뒤 5년여 간을 되돌아 보면, 매일매일 녹화와 할 일들이 다이어리 속에 꽉 차 있어야만 안심이 됐었다. 새벽 4시에 텔레비전 프로그램 녹화가 끝나면 아침 7시 라디오 생방송 시간을 맞추기 위해 아무도 없는 사무실 소파에서 잔뜩 오그리고 새우잠을 청했고 그러면서도 오히려 바쁘다는 데서 내 존재의 의미를 찾았다. 하지만 그 시간들에서 놓여나 한 발짝 떨어져서 나를 보니 오히려 상황이 객관적으로 보였다.

일벌레가 일이 없으면 큰일 날 줄 알았더니, 오히려 좋은 점들도 생각보다 훨씬 많았다. 늘 피곤에 찌들어 같은 하늘 아래 살면서도 어떻게 지내는 줄 모르던 가족들을 좀 더 자주 봐서 좋았고, 어느덧 수다가 줄어 조금은 소원해진 선배들과의 티타임도 늘어서 좋았다. 그러다 보니 회사 돌아가는 일과 선후배들의 고민이 보였고 같이 얘기하면서 그 고민이 반으로 줄어들어 좋았다. 그동안 못 만났던 동창들도 만나 밤늦도록 술잔을 기울이며 답 안 나오는 남자 얘기에 결혼과 일, 돈, 결국에는 다이어트 다짐으로 마무리하는 것도 스트레스 해소에는 제격이었다. 대학 졸업과 동시에 담쌓은 육체노동도 다시 시작해, 체육관에서 역기 들고 러닝머신하며 땀을 흘리니, 건강은 물론 몸매까지 되찾으니 일석이조였다.

▼ ▼ ▼

출장 이후 몇 달간 이렇게 모처럼 여유로운 시간을 보내면서도 내 머릿속에는 키메라 선생님과의 약속에 대한 생각으로 가득했다. 그러면서 이미 서른을 훌륭하게 넘긴 주변 선배들에게 조언을 구해보기도 했다. 방송을 하는 사람들은 누구나 한 목소리로 이야기하는 것이지만, 방송은 늘 내가 가진 경험과 지식, 심지어 '기'까지도 시청자들에게 내주는 일이다 보니 한쪽에서는 부지런히 다시 채워 넣어 줘야 방송에서도 삶에서도 균형을 잡을 수 있다. 하지만 지금의 나처럼 연륜도 없고 지식이나 경험도 짧으면서 매일매일의 방송 스케줄을 기계적으로 소화하다 보면 바닥이 금방 드러나 알량한 밑천이 보이지 않을까. 아주 뽀송뽀송하게 물기를 적당히 머금은 탄력 있는 스펀지 수세미가 매일 수백 개의 그릇을 닦다 보면 어느새 닳아서 말라 비틀어져 싱크대 구석에 처박히게 되는것처럼 나도 서서히 말라 수명을 다해가는 것 같았다. 한 번 쯤은 다들 이런 고민을 하게 되는 걸까. 주위에는 바쁜 방송 스케줄 중에도 잠시 연수를 다녀온 동료들도 꽤 되고, 심지어 제대로 공부해 보겠다며 오랜 준비 끝에 유학을 다녀온 선배들도 있었다. 유학, 그게 지금 나에게 가능하기나 할까? 지금 하는 프로그램들은 어쩌지? 내가 그만둔다면 모두들 난리 나는 거 아냐? 이런 생각이 들기가 무섭게 착각도 병이다 싶다. 기회만 되면 언제든지 나를 대신할 훨씬 나은 인력들이 5분대기조라고 부를 만큼 무궁무진하게 기다리고 있는 아나운서국을 두고 웬 걱정이란 말이냐.

하지만 유학을 간다 해도 또 하나 발목을 잡는 현실적인 부분은 바로 자금 문제였다. 월급이 빤한 직장인이 겨우 5년 남짓 회사생활을 해서 억만금을 모을 수도 없었고, 내 개인 재산(재산이라 쓰고 푼돈이라 읽는)이라 해봤자 이제 곧 만기가 될 적금이 딸랑 하나였다. 나이 서른에 부모님께 결혼이나 손주 등으로 효도는 하지 못할망정 어떻게 손을 벌릴 수 있겠는가. 생각이 거기에 이르자 김칫국만 미리 잔뜩 마신 내 꿈은 집채만큼 부풀어 올랐다가 갑자기 바람 빠진 헬륨풍선처럼 퓌슈욱~ 추한 소리를 내며 쪼그라들었다.

'으이구……, 이런 의지박약 같으니라고.'

이런저런 생각으로 마음이 한창 복잡하던 중에 이런 내면의 소동을 멈추게 해 준 계기가 생겼다. 그 동안 많은 애착을 가져왔던 프로그램에서 하차하게 된 것이다. 평소 너무나 좋아하던 일이라 오래 청취자와 만날 수 있었으면 좋겠다고 늘 입버릇처럼 말해 왔기에 프로그램을 맡은 지 고작 1년 만에 일을 그만두게 되자 생각 외로 상실감이 컸다. 내가 왜 좀 더 잘 하지 못했을까 자괴감에 괴로워하면서도 지난 1년을 되돌아보니 그제야 지금까지 내가 놓치고 지나갔던 부분들이 보였다. 냉정하게 말해, 프로그램 하차의 가장 큰 원인은 대체 불가능한 진행자로서의 자질이 부족했던 나 자신이지 다른 누구도 아니었기 때문이다. 지금까지 비슷한 상황이 닥칠 때마다 애써 '난 열심히 했으니 됐어' 자위하며 현실을 바로 보려 하지 않았다면 더 늦기 전에 이제라도 조금씩 어긋난 퍼즐을 바로 맞춰야 했다.

▼ ▼ ▼

아나운서가 되어 방송을 시작할 무렵부터 어렴풋이 그렸던 미래의 모습은 시청자들의 옆에서 친구처럼, 언니처럼, 또 결혼하고, 아이 낳고, 그렇게 나이 들어가며 그 나이에 맞는 방송을 하는 거였다. 그런데 한 해 두 해 방송을 하다 보니 그 소박해 보이는 꿈이 얼마나 이루기 쉽지 않은 것인지 알 것 같다. 내게 정말 방송인으로서 롱런 할 수 있는 싹수가 있을까? 만약 없다면 어떻게 하면 그게 생길까. 서른이 되어서야 이런 고민을 하는 게 이미 늦어버린 것 같아 조바심이 나기도 했고, 또 어떻게 보면 지금이라도 방송인으로서 내 미래에 대해 진지하게 생각하려 애쓴다는 게 다행인 듯도 싶었다. 그리고 여러 달이 흐른 후. 고민 끝에 결국 나는 떠나기로 결심했다. 더 늦어 영영 용기를 낼 수 없게 돼버리기 전에 앞으로의 인생을 내 뜻대로 만들어 가고 싶었다. 바로 지금 여기서 내 삶에 잠시 쉼표를 찍기로 했다. 누군가 왜 꼭 지금이어야 하냐고 물어본다면, 그냥 지금이 아니면 안 될 것 같아서 라고 해두자.

다시 나를
생각하는
시간, 서른

서른 즈음, 정신을 차릴 수 없을 정도로 연일 이어지던
친구들의 결혼 러시는 마치 성경 속 이집트를 탈출하는
이스라엘인들에 관해 서술한 출애굽기의 한 장면과 닮아 있었다.
그리고 그 광기의 끄트머리인 서른셋의 지금,
나는 웬만큼 멀쩡하고 정상적인 친구들이 모두 떠나버린
을씨년스러운 캠프에 덩그러니 남아있다.
결국 지극히 당연하지만 쉽지만은 않은 결론에 다다랐다.
혼자인 게 쓸쓸해서가 아니라 같이 아줌마 아저씨로 늙어 가도 좋을 사람,
이 요란하게 변하는 세상 한가운데서 진심으로 평생 동안 어떤 비바람도
나와 함께 기꺼이 맞을 각오가 되어 있는 사람을 만날 때까지

아무도 없는 캠프에 남아 있기로. ▲ ▲ ▲

서른이 되어야
알 수 있는 것들

• Life •

서른 딜레마, 쿨하지 못해서 미안해

　살다 보면 일이 좀 심하다 싶을 정도로 꼬이는 경우가 있다. 그럴 때 그냥 그 불행에서 벗어나고자 발버둥치는 것보다는 그냥 어디까지 바닥으로 떨어질까, 한번 해봐란 식으로 그냥 내버려두는 것도 방법이다. 아니, 사실 내가 종종 쓰는 방법인데, 누구한테 굳이 추천해 주고 싶지는 않다. 특히 마음이 약하고 상처 잘 받는 사람들에게는.

　20대의 마지막 겨울, 나는 인생의 바닥을 치고 있었다. 왜 안 좋은 일은 한꺼번에 일어나는 걸까? 행복하지 못한 내가 뿌리고 다니는 다크한 에너지 때문에 그런가?

　당시 진행하던 프로그램들은 내가 문제인 건지, 그냥 단순히 운이 없는 건지 하나 둘 폐지됐고, 바로 1년 전만 해도 일주일 내내 몸을 세 개로 쪼개 써야 할 만큼 바쁘던 내가 이제는 거의 백수에 가까울 정도로 스케줄에 커다란 구멍이 생겼다. 일이 없어진 공백을 사랑으로 메워 줄 누군가가 옆에 있어준다면 그 따위 커리어의 어려움쯤이야 사랑의 힘으로 함께 극복해 나갈 수 있으련만, 불행히도 내 주변엔 파리 한 마리 얼씬거리지 않았다. 이런저런 행사나 기념일이 많은 연말을 혼자 쓸쓸히 보내는 건 생각만 해도 외로웠다. 그나저나 내가 이렇게 사랑을 구걸하는 유형이었던가? 아니면 이제 곧 서른이 된다는 생각에 마음이 갑자기 조급해진 걸까?

생각해 보면 여자 나이 서른 살이 된다고 갑자기 쭈그렁 할머니가 되는 것도, 마른 오징어 냄새가 풀풀 풍기는 건어물녀가 되는 것도 아닐 텐데 왜 모두들 평소 절대 안 하던 미래 고민 따위를 몰아서 하며 자신을 들볶는 걸까. (나름 쿨하다고 자부하던 나조차 이럴 줄이야!) 아마도 알고 지내던 주변의 언니들이 서른이 되면 우선 몸이 한번 호되게 아프면서 그걸 계기로 미모도, 체력도, 심지어는 남자들의 관심도 모든 게 확 꺾일 거라는 무시무시한 예언을 하는 통에 '서른'이라는 나이에 지레 겁을 먹었나 보다. 주변에 커플인 친구들은 나이 앞에 3자가 붙기 전에 얼른 해치워버리고 싶다며 하나 둘 결혼 소식을 알려오고, 기억을 더듬어 보니 친한 아나운서 여자 선배들도 서른 즈음에는 다들 결혼을 했거나 결혼할 남친이 있었던 것 같다. 다들 그런 거구나. 그럼 내가 이상한거구나…….

이럴 거면 '서른 전에 꼭 해야 할 리스트'라도 만들라고 누군가 말해 줬어야 하는 거 아닌가?

'이건 아니지. 자칭 골드미스라 주장하던 똑똑이가 알고 보니 나이 서른을 코앞에 두고 일도, 모아놓은 돈도, 남자도 딱히 하나 내세울 게 없는 그냥 올드하기만 한 미스였다니. 으윽! 이럴 순 없어!'

이렇게 반쯤 무너진 멘탈에 나머지 멀쩡한 반이라도 지키려 처량하게 버둥거리던 중에 무심코 나간 소개팅은 오히려 내 정신줄을 제대로 놓게 만들었다.

아는 언니의 소개로 만난 A군. 훤칠한 키에 멋진 목소리(당시 나에게 멋진 남자의 첫번째 조건은 목소리였다), 탄탄한 직업에다 심지어 아무나 소화 못하는 하와이언 셔츠까지 잘 어울리다니. 이런 멋쟁이가 어디 숨었다가 이제 나타난 걸까. 흠…… 게다가 적극적으로 리드하는 모습이 상남자일세.

'그래, 그동안 일하느라 고생했으니 이제 알콩달콩 연애하며 행복해지라는 하늘의 계시인가 보다.'

내 멋대로 김칫국을 한 사발 들이켜고서는 이번에 온 기회는 놓치지 않으리라 다짐하며 혼자 주먹을 불끈 쥐었다.

당시 A군은 일 때문에 지방에 내려가 있었고 우리는 주로 전화통화를 하며 서로에 대한 호감을 키웠다. 아니, 키워가는 줄 알았다. 바쁜 중에 짬을 내서 만나고 밥 먹고 차 마시고 술도 마시면서 서로를 조금씩 더 알아가던 어느 날, 언제나처럼 한밤중 전화통화로 이런저런 얘기를 하던 중 겨울철 별미 '호박고구마'로 화제가 이어졌다.

며칠 후 어느 춥던 밤, 로맨틱한 그분, 호박고구마 한 박스를 들고 멋쩍은 웃음을 지으며 집 앞에서 나를 기다리고 있는 게 아닌가. 그 밤중에 차로 4시간을 달려오며 오직 나에게 호박고구마를 맛보게 하고 싶었다는 그의 말에 나란 여자 아직 죽지 않았어라며 속으론 온갖 오두방정에 쾌재를 불렀지만, 겉으로는 우아하고 조심스레 호박고구마 박스를 건네받고선 집으로 돌아와 '락앤롤'을 외치며 광란의 헤드뱅잉으로 밤을 새웠다. 이렇게 너무 오두방정을 떨어서 그랬던 걸까? 유난히도 달콤하고 촉촉했던 호박고구마와의 즐거운 시간은 그리 오래가지 않았다.

서울 하늘에 싸락눈처럼 첫눈이 내리던 어느 날.

'어멋! 눈이 와요. 올해 첫눈이네요. 호박고구마 씨 생각하며 소원을 빌었어요.'

이렇게 들떠서 보낸 문자에 그는 약 3일간 답을 하지 않으며 나에게 별 관심이 없다는 첫 번째 사인을 보냈다. 며칠간 머리를 쥐어뜯으며 고민하던 나는 이미 그가 내게서 관심이 떠났다는 걸 알면서도 미련을 버리지 못한 채 문자를 보냈다.

'혹시 무슨 일 있는 건 아니죠? 걱정돼서요.'

이보다 더 찌질한 문자가 있을까? 그는 무려 한나절 만에,
'하핫, 제가 좀 많이 바빠서요. 잘 지내시죠?'
이런 개똥 쌈 싸먹을 형식적인 답을 보냄과 동시에 '이제 나의 어장에서 나가주시지요'라는 강렬한 메시지를 날렸다.
이로써 모든 게 분명해졌다. 그동안 그의 어장 안에 있던 다른 물고기들과 함께 열심히 괴리를 당하던 나는 좀 더 싱싱하고 먹음직스러운 물고기에 밀려 그렇게 아주 깔끔하게 정리당하고 말았던 것이다. 이와 동시에 짧았던 그와의 추억은 집에 남아 있던 호박고구마들과 함께 우리 집 쓰레기통으로 직행했다. 그리고 길고 긴 암흑 같은 그해 겨울이 시작되었다.
호박고구마 씨와의 인연이 여기까지였다면 얼마나 좋았을까? 몇 달에 걸쳐 애써 하던 자기 합리화, 나는 그의 타입이 아닐 뿐 내가 매력이 없는 건 아닐 거라는 자기 위안이 조금씩 먹혀들어갈 때쯤이다. 그러니까 이제는 더 이상 치즈 떡순이와 하겐다즈 초코아이스크림 파인트 한 통씩을 비우지 않고도 긴긴 겨울밤을 버틸 수 있게 됐을 무렵 우연히 다시 귀에 들어온 그의 소식. 역시나 예상했던 대로 나보다 무려 여덟 살이나 어린 꽃띠 여친을 만나서 너무나 닭살스럽게 데이트하며 잘 먹고 잘 지낸다는 것이다. 게다가 나와 데이트를 하던 그 시기에 그녀와도 더블데이트를 했다는 정황이 속속 드러나는 건 어떻게 받아들여야 하나.

'지금까지 의혹으로만 존재했던 어장관리가 사실이라니. 생긴 건 완전 순박한 농촌총각 같아서 이런 약삭빠른 개뼈다귀 같으니라고!' 그렇게 나는 속으로나마 내가 할 수 있는 가장 무시무시한 저주의 말들을 그에게 퍼부었다.

◆ ◆ ◆

시간이 한참 지난 지금 와서 생각해 보면 그가 특별히 내 스타일이라거나 대단히 마음이 동해서 설레고 기대했다기보다는 그냥 그때의 나는 누구라도 좋아하고 싶었고, '아무 놈이나 걸리기만 해봐라, 내가 아주 맘껏 예뻐해 주마' 뭐 이런 결연한 의지가 충천해 있었던 것 같다. 혹시 모르겠다. 그런 필승의 각오가 너무나 눈에 보인 나머지 그 남자, 내가 두려워 달아났는지도.

이제 곧 서른이 되는 싱글 여자. 마침 일도 잘 안 풀려 답답한 상황에 모든 것에 질려, 누구라도 좋으니 따뜻하고 듬직한 어깨를 잠시 빌려 쉬기를 간절히 바라는 중이라면? 여기서 잠깐, 여자친구를 사귀고 싶어 하는 남자들에게 유용한 팁 하나, '일 때문에, 돈 때문에, 가족 때문에, 뭐 때문에든 약해진 그녀의 마음을 노려라.' 백발백중 그녀의 사랑을 얻을 수 있으리라.

어쨌든 그 빤질한 호박고구마 덕분에 서른으로 넘어가는 길목에 뜻하지 않은 마음고생도 하고 그 부작용으로 엄청 먹어대는 바람에 허

벽지 뒤쪽에 보기 흉한 셀룰라이트 자국까지 생겨버렸다. 게다가 이건 살이 다시 빠지고 나서도 절대 지워지지 않으니, 실연당한 여자들이여, 아무리 스트레스를 받더라도 웬만해선 폭식은 하지 말기를! 뒷 감당이 힘들다. 하지만 지나고 보니 나쁘기만 했던 경험은 아닌 것 같다. 그로 인해 이런저런 감정들을 겪으면서, 그동안 나는 누군가를 어장관리 대상으로 생각하지 않았던가 되돌아보기도 했고 다시는 그러지 말자 반성도 했으니 말이다.

얼마간의 시간이 흐른 뒤, 한동안 의식적으로 피하던 호박고구마도 언제 그랬냐는 듯 껍질까지 냠냠 맛있게 잘 먹는 걸 보면 이제는 정말 그 호박고구마 씨의 악몽으로부터 완전히 벗어난 것 같다. 아는 사람 네 명만 건너면 서로 다 이어져 있는 좁디좁은 대한민국 바닥에서 이제는 혹시라도 호박고구마를 다시 마주친다면 '어머, 잘 지냈어요?' 하고 천연덕스럽게 서로 안부를 물을 수도 있을 것 같다.

생각해 보면 여자 나이 서른 살이 된다고
갑자기 쭈그렁 할머니가 되는 것도,
마른 오징어 냄새가 풀풀 풍기는 건어물녀가 되는 것도 아닐 텐데
왜 모두들 평소 절대 안 하던 미래 고민 따위를 몰아서 하며
자신을 들볶는 걸까.
아마도 알고 지내던 주변의 언니들이 서른이 되면
우선 몸이 한번 호되게 아프면서 그걸 계기로 미모도, 체력도,
심지어는 남자들의 관심도 모든 게 확 꺾일 거라는
무시무시한 예언을 하는 통에
'서른'이라는 나이에 지레 겁을 먹었나 보다.

안녕 내 사랑

　서로 모르던 남녀가 만나서 연인이 되고 사랑의 결실을 이루기 위해서 가장 중요한 요소는 뭘까? 서로에 대한 불같은 사랑은 기본 조건일 테고, 남녀를 떠나 인간 대 인간으로 서로에게 의리를 지키는 것도 한평생 사는 데 중요할 것 같다. 거기다 주변 사람들이 이 관계를 축복해 준다면 이보다 더 좋을 수는 없겠지. 간혹 부모님이나 친구들이 자신의 남자친구를 이유 없이 너무 싫어한다고 괴로워하는 친구들의 이야기를 듣고 나면 나 역시도 멀쩡하게 보이던 그 남자에게 괜한 의혹의 눈길과 함께 색안경을 끼곤 했으니, 주변인의 입김이 얼마나 큰지 짐작할 만하다.

하지만 이 모든 조건들을 접어두고 누군가 내게 사랑과 인연에 대해 물어본다면 '타이밍'이라는 단어가 가장 먼저 떠오른다. 이런 생각을 하는 건 비단 나뿐만이 아닐 것이다. 머리가 굵어진 후 사랑이란 걸 하고, 누군가를 떠나보내고, 아직도 혼자인 나 같은 사람들은 입모아 말한다. 나이로 보면 진작 학부모가 되고도 남았을 텐데, 그놈의 타이밍이 안 맞아 떠나보낸 인연이 한둘이 아니라고.

나에게도 그런 인연이 있었다. 아주 오래고 질겼던, 하지만 결국엔 어이없이 툭 하고 바람결에 끊어져 나간 그런 사람이. 우리도 남들처럼 처음에는 수줍게 시작해 얼마 지나지 않아 서로 불같이 사랑하게 됐고, 세상 모든 연인들이 그렇듯 알콩달콩 예쁘게 연애를 하기도 했다. 하지만 시간이 지나 한쪽이 먼 나라로 떠나게 된 후, 몇 년 얼굴을 못 보니 그 오랜 기다림에 서로에 대한 사랑의 불씨가 사그라져 한동안 소원해지기도 했다. 그렇게 각자의 삶을 살아가다 아무리 생각해도 서로밖에 없는 것 같아 다시 예전으로 돌아가기 위해 노력도 해보고, 그 과정에서 각자가 기억하고 있던 서로는 너무 오래된 모습이어서 다시 그때로 돌아갈 수 없음만 깨닫고 서글퍼하기도 했다.

◆ ◆ ◆

뉴스에서 100년 만의 무더위라 호들갑을 떨어댔던 어느 해, 여름, 유학 원서를 쓰기 위해 꼭 필요한 영어시험을 볼 수 있는 기회가 딱

한 번밖에 안 남은 절박한 상황에서 나는 방송 스케줄과 시험 준비를 동시에 소화하느라 물에 빠진 생쥐마냥 땀을 뻘뻘 흘리며 여의도와 학원이 있던 교대를 오가는 생활을 하던 중이었다.

시간이 지난 지금은 담담하게 추억하며 말할 수 있지만, 어쩜 유학 생활을 하는 것보다 원서를 쓰기까지의 과정이 더 진 빠지고 힘들다 싶을 만큼 고통스러운 시간들이었다. 고등학교 졸업 이후 책상에 엉덩이를 붙이고 하는 공부와는 거리가 먼 삶을 살았던 나는 우선 공부 내용이 너무 버거워 따라가기가 힘들었다. 게다가 회사 파업까지 겹쳐 낮에는 길거리에서 피켓을 들고 언론 자유를 외치다가 한여름 아스팔트의 열기에 달아올라 새빨개진 얼굴을 채 식히지도 못한 채, 밤에는 문제집 한가득 든 책가방을 메고 수백 명의 수험생들로 빽빽한 학원 한가운데 끼어 앉아 졸음을 참아가며 수업을 들어야 했다.

여름 내내 이어진 이런 생활로 이미 육체적, 정신적으로 너무나 지쳐 있던 당시 내 머릿속에는 그 어떤 생각도 자리할 여유가 없었다. 그저 제발 이 끝나지 않을 것 같은 여름이 지나가 주기만을 간절히 바랄 뿐이었다. 그리고 그 해 여름의 한가운데, 그는 다시 내 앞에 나타났다.

1년이 넘는 시간 동안 손에 꼽을 정도로 연락을 하다 말다 하느라 상대방에 대한 업데이트가 전혀 되지 않은 우리는 그동안 어떻게 지냈는지 무덤덤하게 서로의 근황을 물었고, 그렇게 데면데면하게 아주 오래된 연인은 다시 가까워졌다. 생각해 보면 7년 가까이의 시간 동안 서로의 인연을 이어가면서 우리가 함께했던 시간은 2년 반 남짓이었다. 나머지 시간은 각자 서울과 샌프란시스코에 떨어져 지내며 그 좋은 20대를 보냈다. 늘 남자친구보다는 자신이 먼저였던 이기적이었던 나. 때로는 워커홀릭처럼 일에만 빠져 있던 시간들을 돌이켜 보면 어쩌면 서로 떨어져 있었기에 1년에 한 번 정도 겨우 보는 비정상적인 상황에서도 그는 나를 견딜 수 있었던 것 같다.

오랜 원거리 연애에 지쳤던 나는 계속 그를 실망시켰고, 늘 한결 같은 상대방과는 달리 내 기분 내키는 대로 혼자서 끝내고 다시 시작하기를 수십 번 반복하며 서서히 상대방의 신뢰를 잃어갔다. 내 기분에 따라 잠수를 타버리고 또 생각이 나면 아무렇지도 않게 연락하는 못된 짓을 반복하던 그 당시, 내 마음 한구석에는 결국 그가 어떤 상황에서도 나에게서 돌아서지 못하리라는 오만한 믿음이 자리 잡고 있었는지도 모른다. 우리가 함께한 시간과 추억들을 저당잡혀 놓고 그보다 더 이기적일 수 없었던 그때, 때때로 내심 진짜 끝은 어떤 느낌일까 혼자서 상상을 해보기도 했지만 정작 진짜 이별은 너무나 예고 없이 찾아왔다.

아직은 누군가의 아내, 며느리, 엄마가 될 준비는커녕 내 앞에 닥친 일을 해결하는 것조차 버거워서 어쩔 줄 모르던 나와는 달리 오랜 외국 생활에 지쳐 어서 빨리 둘이 되고 싶어 했던 그는 사사건건 나와 부딪쳤다. 하긴 그렇게 오랫동안 여자친구라고 부르는 사람이 있으면서 그냥 어정쩡한 관계를 유지하는 것 자체가 지금 생각하면 말이 안 되기도 했다. 하지만 당시 서로 다른 시간과 공간을 살았던 우리는 결혼이라는 화두를 두고서는 각자 다른 레인에서 같은 방향을 보고 달려가는 폭주 기관차 같았다. 설사 두 열차 선로가 교차하는 부분이 있어 두 대의 기차가 만난다 하더라도 같은 속도로, 같은 방향으로 폭주하는 기차들 앞에는 '추돌 후 탈선'이라는 가혹한 운명 밖에 없을 테니 말이다.

우리는 어디서부터 잘못된 걸까? 오랜 시간 두 번 생각 안 하고 내 반쪽이라 생각했는데, 둘이 함께 하는 미래를 위해 각자의 자리에서 노력하다 보니 어느샌가 마음이 멀어져 사랑했던 추억조차 사라져 버렸다. 함께하기 위해 버텼던 힘들고 외로운 시간들이 지난 후 어느 순간 정신을 차리고 보니 너무나 다른 곳을 보고 있는 각자의 모습 사이로 낯설고 어색한 공기만 흘렀다. 너무 잘 아니까 말하지 않아도 통할 거라 믿었던 시간 동안 남남이 되어버린 서로를 발견하고선 흠칫 놀란다. 그 여름 결국 내게서 아무런 대답도 얻지 못한 채 다시 미국으로 돌아간 그에게 전화선 너머로 용기 내어 물어 본 적이 있다.

"나를 아직도 사랑해?"

그는 머뭇거리며 대답했다.

"그런 줄 알았는데, 이제는 니가 누군지조차도 잘 모르겠어……."

한참의 침묵 끝에 그의 말을 되받는다.

"미안해……."

이번에는 정말 끝이구나 싶었다. 시원섭섭할 거라는 상상과는 달리 실제는 아무런 느낌조차 없는 건조한 이별. 서로에 대한 마음이 이렇게 말라비틀어질 때까지 관계를 정리하지 못하고 방치해 둔 내가 너무나 우유부단하게 느껴져 한동안 괴로워했고 그 상처를 회복하기까지 꽤 많은 날들과 노력이 필요했다. 이것만 봐도 나는 끝까지 내 상처만을 걱정했던 지상 최고의 나르시스트였다.

◆ ◆ ◆

이별 후 시간이 꽤 흐른 후까지도 곳곳에서 질긴 인연의 끈을 발견한다. 샌프란시스코로 유학을 떠나기로 결정했을 때, 우리가 함께 알고 있던 누군가가 결혼 소식을 알려 올 때, 다른 여자와 내 앞에 나타나 차갑게 나를 외면하는 그가 나오는 똑같은 스토리의 꿈을 지겹게 꾼 다음 날 아침나절에도. 헤어진지 2년이 더 된 지금도 종종 같은 꿈을 꾸면서 내게 남은 게 그에 대한 미련은 아닐 거라고 그냥 파블로프의 개처럼, 유난히 힘이 들때면 저절로 꾸게 되는 악몽 같은 조건반사의 결과일 뿐이라고 나를 설득한다. 그러고 나면 아이러니하게도 정작 머릿속에는 그의 어머니를 떠올렸다. 스물두 살 때부터 나를 지켜 보셨던 그분, 나를 친딸처럼 예뻐하셨던 그분을.

스물넷 첫 직장에 합격했을 때 내 손을 끌고 백화점으로 가서 근사한 가방을 사주시던, 떨어질 때가 되면 어떻게 아셨는지 날 불러 가방 속에 노란 비타민 알약 몇 병씩을 채워 주시던 그의 어머니. 우리가 잠시 연락하지 않고 지내던 즈음 모른 척 전화로 잘 있냐고 안부를 물으셨던 게 그분과의 마지막 통화였다. 당시에는 갑작스런 전화에 당황해서 데면데면 끊었던 것이 두고두고 마음에 걸린다.

내가 미국으로 떠나오던 즈음 그가 좋은 사람 만나서 결혼했다는 소식이 건너 건너 들려왔다. 쿨한 척하며 축하 이메일이라도 보내야 하나, 혼자 구시렁거려 보지만 이내 마음이 쓸쓸해지는 건 어쩔 수 없었다. 소식을 들은 엄마는 축의금이라도 보낼 걸 그랬다며 눈물까지 글썽이며 아쉬워하셨다. 하긴 늘 나보다 우리 가족이 더 좋아했으니까. 지나고 나서 하는 말이지만 사실 가족이 더 좋아하는 남자친구와 사귀는 것도 꽤 피곤한 일이다. 싸움을 하건 이별을 하건 가족 누구로부터도 위로를 받기는커녕 '세상에 없는 독한 년'이 될 가능성이 크기 때문이다.

이별 즈음에 내게 남은 감정이라곤 오랜 시간 힘겹게 끌어온 '함께 하겠다'는 이미 빛바랜 약속과 그 의리를 저버린 데 대한 미안함뿐이라고 생각했지만 어리석은 나는 시간이 지나면서 다시 깨달았다. 그 감정 역시 사랑의 또 다른 모습이었다는 것을.

서른의 어느 날, 바람결에 지긋지긋했던 내 첫사랑이 정말로 끝났다.

관계의 정의

연애를 하면서 가장 위험한 건 뭘까? 그 사람을 너무 사랑하다 못해 어떤 대가를 치르더라도 소유하겠다는 마음이 든다면, 삐~ 1차 경고음이 울린다. 그와의 사이에서 사랑이든 우정이든, 하다못해 존경이나 관심 같은 감정도 내가 독점하겠다고 생각하는 사람들은 큰일을 저지를 확률이 높다. 뿐만 아니라. 그와의 사이에서 시녀병 증상이 나타난다면 그 관계는 이미 시작부터 파국이 보인다. 어느 순간 연인으로서의 균형이 무너진 관계, 한쪽이 일방적으로 다른 한쪽에 맞추기만 하는 갑과 을이 돼버린 이들은 결국 지칠 대로 지친 을이 더 이상 못해먹겠다 싶어 백기 투항할 즈음 간단히 끝날 것이다. 이별의 후

유증 역시 철저히 을의 몫인 건 두말하면 잔소리다. 마지막으로 하나 더, 사랑하는 사람을 위해 더 훌륭한 사람이 돼야겠다는 눈물겨운 다짐과 노력으로 점철된 관계 역시 오래가기 힘들다. 늘 대단한 그에 비해 가진 게 없고 부족하기만 하다고 생각하는 여자, 자신을 호되게 채찍질해서 그에 걸맞은 멋진 여자가 돼야 한다는 강박관념에 사로잡힌 여자에게 이별 후 남는 건 거의 바닥 수준으로 떨어진 자존감과 피해의식뿐이다. 무슨 소리냐고? 아, 이건 철저히 개인적인 경험을 바탕으로 한 주장이니, 모두에게 적용되는 건 아니다.

◆ ◆ ◆

서른 언저리의 어느 날, 앞에 얘기한 잘못된 남녀 관계의 증상을 한꺼번에 겪게 만든 한 사람이 내게 다가왔다. 그는 나보다 훨씬 나이도 많고, 자기 일에 인정받았고, 아는 것도 많았고, 재밌기까지 한 한마디로 잘난 사람이었다. 나름의 맷집 있다 자신했던 내가 방어할 틈조차 주지 않은 채, 모든 건 너무나 당연하게 이미 수백 년 전부터 정해져 있었다는 듯이 그와 나의 관계는 흘러갔다. 처음부터 균형이 맞지 않던 관계는 시간이 갈수록 더 극명하게 한쪽으로 기울어졌다. 그가 미리 정해 놓은 식당에서 그가 시킨 메뉴를 먹고, 차 안에서는 당연하게 그가 좋아하는 음악을 들었다. 내 스케줄에 상관없이 그의 전화 한 통이면 새벽의 올림픽대로를 전속력으로 운전해 그에게 가고 있었고,

남들이 다 노는 날 아무리 함께 시간을 보내고 싶어도 그가 바쁘면 그냥 집에서 그의 전화를 기다렸다. 운동을 열심히 하는 여자가 좋아 보인다는 그의 한마디에 덜컥 헬스장을 끊었고, 더 멋진 여자가 되고 싶다는 생각에 매일 새벽 6시에 일어나 내키지도 않는 영어 회화 학원을 다니기도 했다. 이제 와 하는 말이지만 우리의 관계는 연애라기보다 모두에게 카리스마있는 인기쟁이 선배와 그를 짝사랑하는 후배 정도의 구도였다. 그렇다면 그때 난 사랑에 눈이 멀어 이걸 몰랐을까. 아니다. 알고 있었지만 애써 모른 척 했었던 것 뿐이다.

당시의 내 상태는 꽤 심각했다. 언뜻 보면 긍정적으로 보이는 모든 변화들 속에 진짜로 나를 위한 건 하나도 없었다. 나는 운동을 싫어했고 아침 일찍 일어나는 건 때려죽여도 못하는 저녁형 인간이었다. 또 좋아하는 영화나 음식, 정치에 관한 소신도 과하다 싶을 만큼 분명했고, 늘 말을 듣는 것보다는 하는 쪽을 즐겼다. 결국 그를 사랑하던 당시의 나는 겉껍데기만 내 모습일 뿐 속알맹이는 전혀 다른 사람이었던 것이다. 있는 그대로의 내 장점조차 부정하고 모든 걸 그의 기준에 맞추려는 애처로운 몸부림이 계속되면서 내 안에 쌓이는건 깊은 자괴감뿐이었고 이런 감정은 슬슬 나를 지치게 만들었다.

이건 아닌데……. 단지 나는 너무나 좋아하는 그의 마음에 들고 싶었을 뿐이었지만 이로 인해 밀당 없이 좋은 건 표현부터 하고 보는, 좋아하는 감정을 계산하지 않고 다 보여주던 사랑스런 내 모습이 사라져 버렸다. 이쯤되자 나 자신조차 상대방의 마음에 들기위해 안절부절 못하는 내가 매력없이 느껴졌다. 결국 우리가 사랑을 하고 있다 믿었던 시간 동안 나는 그가 만들어놓은, 철저히 자기 위주로 쓰인, 관계의 매뉴얼을 손에 든 채 융통성 없는 모범생 마냥 달달 외우고 실천하기만 반복하고 있었던 것이다.

잘난 그와의 관계는 앞서 예견한 대로 결국 내가 지쳐 나가떨어지는 걸로 끝났다. 꽤 오랜 시간이 흐른 후에야 나는 다시 단순하고 쾌활한 사랑에 익숙한 예전의 나로 돌아올 수 있었다. 그리고 거기에 또 많은 시간이 흐른 지금, 그때 내가 그의 어떤 모습을 그토록 사랑했는지 기억이 잘 나지 않는다. 당시 나는 분명 사랑을 한다고 믿었지만 지나고 나니 그건 어긋난 소유욕, 혹은 인정받고 싶어 안달이 난 모범생의 심리 그 이상도 이하도 아니었던 걸 깨달은 것 외에는.

◆ ◆ ◆

살다 보면 사람이든 일이든 내 뜻대로 움직여지지 않을 때가 있다. 그와의 만남 역시 그런 일들 중 하나였다. 평소의 나라면 엄청 재고 따지며 손톱만큼도 손해 보지 않으려 했겠지만, 그때만큼은 내 본능의 소리에 충실한 채 직감적으로 옳다고 느끼는 대로 움직였다. 그리고 결과가 어떻게 됐든지 나는 그걸 후회하지 않는다. 하지만 시간이 지나고 나니 궁금해진다. 그의 뭐가 그렇게 좋았던 걸까. 사랑이라 밑었던 감정이 걷히고 난 후 다시 그때를 떠올릴 때마다 종종 나에게 하는 질문, 우리는 정말 사랑이었을까.

꽤 오랜 시간이 흐른 후 나는 깨달았다. '우리는 뭘까' 하고 관계의 정의를 내리려는 노력이, '우리는……다' 라는 명확한 대답 자체가 우리 관계를 말해 주고 있다는 것을. 진짜 사랑은 관계에 정의 따윈 필요 없다. 나를 내가 아닌 모습으로 바꾸기 위해 애써 노력할 필요도 없다. 그냥 있는 그대로의 서로를 자연스럽게 받아들이고 예뻐해 주는 것, 그게 내가 아는 사랑이다.

슬프지만 그 겨울의 우리는 사랑이 아니었다.

고아가 된
그녀들

결혼 고아=가족이 반대하는 결혼으로 인해 가족의 인연을 끊고 고아나 다름없이 돼버린 경우를 일컫는 말.

내 주변 몇몇 친구들의 환영받지 못한 결혼을 보고 내가 지어낸 말이다. 슬프지만 내 주변에는 이렇게 어느 날 갑자기 부모님도, 자매도, 심지어 사돈의 팔촌까지도 없어진 친구 몇이 있다. 그녀들에게 도대체 무슨 일이 일어난 걸까.

◆ ◆ ◆

 샘 많고 변덕 심한 고등학교 시절부터 나의 둘도 없는 단짝으로 지내온 A양. 그녀는 평범한 청소년기를 거쳐 평범한 4년제 대학 졸업 후 직장인으로 평범하게 일하다 지금의 남편을 만났다. 남편은 자신이 태어나기도 전에 순전히 자식 교육을 생각해 이민을 떠난 부모님 아래 자란 미국 교포였다. 부모의 바람대로 공부 잘하는 아이로 성장해 대학원까지 졸업하고 번듯한 직장을 잡은 그는 한국의 친척을 만나기 위해 잠시 귀국했고 운명적으로 A를 만나 사랑에 빠졌다. 얼마 지나지 않아 자연스레 결혼을 생각하게 된 두 사람은 뜻하지 않게 신랑 부모의 반대에 부딪히고 말았다. 당시에는 흔하지 않았던 이민까지 생각할 정도 교육에 유난을 떨며 키운 아들에 대한 기대 때문일까. 남자 어머니의 눈에는 A양이 못마땅하기만 했다. 이민 생활에서 오는 말 못할 고단함을 오직 아들 하나 보고 이겨냈다 해도 과언이 아닐 어머니의 머릿속에는 아마도 '이 정도는 되어야'하는 며느리에 대한 구체적인 기준이 있었던 것 같다. A의 평범한 직업부터 시작해 가정환경, 자신과 다른 종교까지 마음에 안 들어 하던 예비 시어머니는 결국 상견례 날, 식사 중에 자리를 박차고 나가버렸다. 이 소동 후 사랑하는 여자 편을 들며 자신에게 사과를 요구하는 아들에게 섭섭했던 어머니는 결국 결혼식 날 나타나지 않는 최악의 복수와 함께 아들과의 인연을 끊어버렸고, 그 후 상심한 커플은 결국 남자의 직장이 있는 나라로 쫓기듯 떠나버렸다.

또 다른 친구 B의 이야기 역시 크게 다르지 않다. 고등학교부터 미국에서 홀로 유학 생활을 해온 그녀는 몇 년 전, 일본으로 어학연수 겸 여행을 갔다가 역시 잠시 여행을 온 스웨덴 남자와 사랑에 빠졌다. 로맨틱한 남자는 자신의 일을 그만 두고 사랑하는 사람을 따라 미국으로 건너갔고 둘은 곧 함께 살기 시작했다. 결혼을 약속한 사이였지만 B는 한국의 가족에게 차마 말을 꺼낼 수 없었다. 딸보다 연하의 외국인, 그것도 파란 눈에 노란머리 사위라니. 보수적인 그녀의 부모님에게는 상상조차 할 수 없는 일이었다. 겨우 이런 꼴을 보려고 귀한 딸을 유학까지 보내면서 유난 떨었던 건 아니었다는 생각에 딸에 대한 배신감으로 딸과의 사이는 점점 멀어져만 갔다.

그러던 어느 날, B에게 아이가 생겼단다. 너무나 기뻐하며 당장 결혼 날짜를 잡자는 남자친구와는 달리 한국에 그녀의 부모님과 가족들은 아이를 낳으면 그날로 호적에서 파버리겠다고 선언했다. 이미 몇 년 간의 긴장상태로 인해 지칠 대로 지친 그녀는 가족을 설득할 자신이 없다며 혼자서 결혼을 준비하고 있다. 이 결혼으로 그녀는 아마 많은 것을 희생해야 할 것이다. 오랫동안, 어쩌면 영원히 한국의 가족을 못 볼 것이고 부모님에게 몹쓸 짓을 했다는 죄책감은 그녀를 두고두고 괴롭힐 것이다. 이런 상황을 안타까워하는 그녀의 남자친구는 그녀의 지인을 만날 때마다 어설픈 한국말로 이렇게 말한다고 한다.

"B가 너무 불쌍해요. 그녀는 가족 사이에서 Victim^{희생자}이예요."

하긴 그의 눈에는 다 큰 자식의 인생을 마치 자신의 것처럼 여기고, 자식이 사랑하는 사람마저 부정하는 한국 부모가 이상해 보이기도 할 것이다. 곧 있을 이 둘의 결혼식에도 아마 A의 경우처럼 한쪽 부모님은 참석하지 않을 것이다. 가장 축복받아야 할 결혼식 날 가족 없이 쓸쓸해할 B를 떠올리자니 그녀의 부모님이 너무하다 싶다가도 한편으로는 연세도 있으신 분들이 얼마나 상심하실까 싶어 안쓰럽기는 매한가지다.

♦ ♦ ♦

이 일이 있은 후 주위를 둘러보니 생각보다 훨씬 많은 가족들이 내 친구들과 비슷한 갈등을 겪고 있었다. 꼭 유학파 자식과 전통적인 가치를 가진 부모님의 구도가 아니더라도 우리 주변에는 꽤 많은 부모와 자식이 소통의 부재 혹은 세대 간의 이해 부족으로 서로에게 상처를 주고 심하게는 서로 안 보고 살아가고 있다. 나만 해도 중학교 졸업과 동시에 서울에 올라와 혼자 지내다 보니 마음은 그렇지 않은데 어느새 부모님과 함께 지내는 게 불편해져버렸다. 떨어져 있으면 늘 걱정되고 보고 싶지만 너무 어린 나이부터 독립해 살면서 모든 크고 작은 결정을 내가 결정하다 보니 이제는 누군가(설령 부모님이라 해도)

내 결정에 간섭을 하거나 충고를 하는 게 영 어색하고 불편하기 때문이다. 학교든 회사든 일이든 결혼이든, 내 인생의 중요한 일 순서는 내가 결정하고 오롯이 혼자서 책임지는 것이 너무나 당연하다. 내가 하는 일, 내가 만나는 남자, 심지어 선거 때 내가 투표하고자 하는 후보자에 대해 부모님이 다른 의견을 내거나 말이 조금이라도 길어지면 이내 간섭처럼 느껴져 가슴 한 구석이 답답해진다.

  A양의 시어머니, B양의 부모님, 그리고 우리 부모님 모두 모르긴 해도 비슷한 부분이 많을 것이다. 그리고 우리가 속 썩일 때마다 내가 이런 대접을 받으려고 자식 키웠나 한탄도 하실 것이다. 어려운 살림이지만 부모처럼 살게 하지 않으려고, 남들보다 조금이라도 낫게 키우려고 남보다 일찍 자식들을 품에서 떠나보내고 평생을 노심초사하며 사셨을 그들에게 이제 머리가 굵어졌다고 어느새 '각자의 인생' 운운하는 자식들이 꼭 외계인처럼 낯설어 보일지 모른다. A양 시어머니 역시 하나 밖에 없는 아들 결혼식에 가지 않는 극단적인 방법까지 쓰고 싶었을까. 다만 만난 지 1년 남짓 되는 생판 남인 여자아이에게 푹 빠져 자신은 거들떠도 보지 않는 아들이 너무 얄밉고 야속해 그렇게 어린아이처럼 굴었을지도 모른다. B양의 부모님 역시 마찬가지다. 눈에 넣어도 아프지 않을 사랑하는 딸에게 다시는 보지 않겠다고 선언하면서 그들은 마음으로 얼마나 피눈물을 흘렸을까. 여기서 가장 큰 비극은 B양의 남자친구가 말한 것처럼 자식을 희생자로 만들어놓

고도 부모들은 오히려 자식에 대한 그들의 헌신적인 사랑이 희생당했다고 생각할 거라는 사실이다. 당신들의 인생과 자식의 인생을 분리시켜 생각하는 것 자체가 불가능한 부모님들에게 '키워주신 건 감사하지만 내 인생은 나의 것'이라는 논리 자체가 통하지 않을 테니 결국 각자 더 큰 피해자라 생각할 수밖에 없을 것이다.

그렇다면 우리 주변에 있는 수많은 잠재적 결혼 고아들은 어떻게 구제해야 할까. 부모님께 미안해서, 자식 된 책임감에 내가 원치 않은 배우자와 원치 않는 삶을 살기에 아직 우리는 젊고 앞으로 살아갈 날이 너무나 많다. 예전 부모님 세대보다 평균수명도 엄청 길어졌으니 이런 '효도하는 삶' 또는 '순종하는 삶'이 더 암담하기만 하다. 이미 사고가 굳어버린 부모님을 설득하는 것도 별로 가망이 없어 보이고 그렇다고 누군가와 사랑에 빠지는 게 머리로 되는 것도 아니고(누군들 부모님이 싫어할 조건의 사람과 사랑에 빠져 결혼까지 하고 싶을까) 오늘도 깊은 고민에 빠진 자식들이 많을 것이다.

◆ ◆ ◆

친구들의 안타까운 사정에 뾰족한 도움을 줄 수도, 속 시원한 위로의 말을 건넬 수도 없는 내 자신이 무력하게만 느껴지던 어느 날, 평소 친하게 지내던 신경정신과 선생님과의 수다 중에 의외로 이 문제가 명쾌하게 정리되었다. 선생님의 촌철살인 한마디.

"배신해야 성숙한다."

바꿔 말하면 결혼이야말로 내가 하는 것이니 가족의 반대에 휘둘리지 말고 자신의 신념대로 밀고 나가라는 것이다. 심하게 말해 가족을 배신할 정도로 상대방에 대한 사랑이나 확신이 있다면 자신을 믿고 용감하게 '고'를 외치라는 것이다. 그러면서 자신도 죽어라 가족이 반대하는 결혼을 했지만 일단 별 탈 없이 잘살았더니 결국에는 부모님께도 인정을 받았다며 친구들에게 용기를 주라고 하셨다. 얼핏 너무 무모한 것 아닌가 싶었지만 선생님 본인의 경험담이라고 하니 일단 믿어보기로 했다.

선생님과의 상담 이후, 결혼 고아가 된 A양과 B양이 달리 보였다. 결과가 어찌됐든 그녀들은 선생님처럼 사랑을 위해 용감히 부딪힐 줄 알았으니 말이다. 지금 비록 크나큰 죄책감과 원망 속에 살고 있는 그녀들이지만 자신이 원하는 삶을 주도적으로 선택하고 거기에 대한 책임을 지며 살고 있는 그녀들이 새삼 대단해 보였다. 남의 일이라 생각했을 때나 쉽지 내게 이런 일이 생긴다면 나는 어떤 선택을 하게 될까. 글쎄, 지금 머릿속에 가장 먼저 떠오르는 생각이 '심장 안 좋은 우리 아버지는 어떡하고'인 걸 보면 나란 인간은 가족을 멋지게 배신 때리고 성숙해지긴 글렀나 싶다. 그냥 마음속으로 부모님이 내 남자친구를 너무 싫어하지만 않길 바라는 소극적인 수준의 반항 정도나 내겐 가능할까. 결혼 고아, 그것도 아무나 하는 게 아니다. 가족에게서 이해 받지 못한 그녀들, 하지만 자신의 사랑 앞에선 너무나도 용감했던 그녀들, 그만큼 용기를 낼 수 없다면 아픈 그녀들을 많이 사랑하고 응원이라도 해줘야겠다.

그 많던 여자친구들은 다 어디 갔을까

　모처럼의 단비가 촉촉하게 내리는 어느 날 밤 자정을 훌쩍 넘은 시간, 이미 한나절은 넘게 켜놓은 컴퓨터 속에서는 내가 좋아하는 여가수가 고양이 울음처럼 갸릉거리는 목소리로 '세상에 유일하게 영원한 건 영원이라는 단어밖에 없다'고 속삭이고 있다. 같은 곡을 몇 번이나 들었을까. 분명 수년간 내 컴퓨터 속 플레이리스트에 있던 노래인데도 오늘따라 가사 하나하나가 꼭꼭 밟힌다. 그러고 보니…… 아, 가을이구나.

　불과 2년 전, 오늘처럼 비오는 가을 밤 나는 뭘 했던가. 아마도 홍대 근처 어디 어두컴컴한 칵테일 바에서 밤늦게까지 술을 홀짝이고 있었거나, 당시 자취를 하던 집에 친한 친구들을 불러놓고 인터넷 쇼핑에서 득템한 이동식 미러볼을 켜놓고 그 오색 조명 아래 새우깡에 맥주 한 캔 마시며 당시 좋아하던 남자, 일, 그리고 우리의 알 수 없는 미래에 대해 밤새 소득 없는 토론을 했을 것이다. 그땐 몰랐다. 영원히 내 곁에서 함께 인생의 고민을 나눌 줄 알았던 그녀들이 그렇게 빨리 흔적도 없이 흩어질 줄을. 2년여의 미국 생활을 끝내고 다시 돌아온 서울에는 그동안 손만 뻗으면 지천에 널려 있던 여자친구들이 모두 사라지고 주변에는 개미새끼 한 마리 얼씬거리지 않았다. 서른셋 비오는 가을 밤, 아마도 그녀들은 지금 따뜻한 형광등 불빛이 번져 나오는 어느 아파트 베란다 창문 너머, 자신들이 새롭게 속한 세계 속에 있을 것이다. 누군가의 아내, 며느리, 혹은 엄마의 이름으로.

♦ ♦ ♦

　나와 내 친구들의 서른 즈음은 매일매일 결단과 선택의 연속이었다. 그렇다고 누가 보기에 세상을 바꿀 만한 대단한 것들도 아니었다. 아마도 지금 만나는 별 비전 없지만 이미 정 들어버린 이 남자와 계속 만날 것인지, 졸업 후 한 5년 다니고 나니 이제는 별 재미도 기대도 없는 직장을 계속 다닐지, 대학 시절부터 꿈이었던 유학 공부를 더 늦기 전에 시작할지, 하다못해 이번 주말에 잡아놓은, 하지만 영 안 내키는 소개팅에 나갈지 같은 것들에 대한 결정 따위였을 것이다. 나이의 앞

숫자가 2에서 3으로 넘어가면서 더 이상 피해 갈 수 없는 결혼과 커리어 사이 선택의 기로에서 갈팡질팡하던 우리는 둘 중 하나도 제대로 해내지 못해 어쩔 줄 모르고 허둥대기만 했다. 너무 늦기 전에(도대체 '늦다'는 그 기준은 누가 정했는가!) 결혼과 일 중 하나에 집중하기를 사회로부터, 가족으로부터, 그리고 우리 자신의 무의식 속에 있는 '보통의 삶'에 대한 깅비으로부터 끈질기게 강요받다가 어느 시점이 오면 두 눈 질끈 감고 결단을 내려야 했다. 그리고 몇 년의 시간이 흐른 후, 당시에는 상황에 떠밀려, 스스로의 조바심에 못 이겨 했던 각자의 선택에 우리 중 누군가는 안도하고, 누군가는 으쓱하고, 또 누군가는 후회하며 오늘을 살아가고 있다.

어느 쪽을 택하든 후회가 없을 수 없다. 아무리 재고 따지고 나름 계산기를 두드렸다 한들 신이 아닌 사람의 선택, 그것도 이제 겨우 30대 초반의 우리가 얼마나 완벽하고 지혜로운 선택을 할 수 있었을까. 결혼한 친구들, 여전히 싱글로 남아 일에 집중하는 친구들, 혹은 어, 어 하다 보니 그냥 이렇게 저렇게 양쪽으로 휩쓸려간 친구들 모두 마음 한편에는 가지 않은 길에 대한 약간의 미련이나 후회는 남아 있을 테고. 처음엔 이런 복잡다단한 감정들을 예전의 우리가 그랬듯이 함께 나눌 수 있을 거라 생각했다. 풋풋한 복숭아 향을 닮은 10대 어느 언저리에 만나 십수 년 간, 첫 생리 터진 날부터 시작해 첫 미팅, 첫 키스, 첫 이별 후 세상 끝날 것 같던 절망감까지 함께 나눈 우리는 때로는 자매였고 때로는 피보다 더 진하게 이어진 관계라 믿었으니까. 그래서일까. 그 우정이 결혼을 했건, 아이 엄마가 됐건, 혹은 여전히 한심하게 싱글이건 상관없이 늘 그대로일 거라는 데 나는 추호의 의심도 없었다.

   하지만 우리 앞의 현실은 그렇게 간단하지 않았다. 서른이 되고, 몇몇 친구들의 결혼을 기점으로 우리는 준비도 없이 전혀 다른 세상에 속한 사람들이 되어 있었다. 가끔 힘들게 시간 맞춰 만나 그동안 살아온 얘기라도 할라 치면 과연 내 머리에서 나오는지 의심스러울 만큼 옹졸한 '이래서 결혼 (안)한 애들이랑은 말이 안 통해' 라는 말이 거의 튀어나올 뻔한 아찔한 경험을 한두 번하면서 생각했다. 이 설명하기 힘든 분노에 가까운 감정은 뭘까. 아직 내가 절친의 결혼에 적응을 못 했을 수도, 아니면 내 자리를 빼앗아간 그녀들의 남편에게 질투 비슷한 감정을 느껴서인지도 모르겠다.

♦ ♦ ♦

   결혼을 한 친구를 어렵사리 만나려면 평일 오후, 그나마도 늘 그녀들의 집 근처 백화점 꼭대기 층 식당가(식사와 후식을 함께 먹을 수 있고 키즈 카페가 있는)같이 부산한 곳이라는 것이 우선 마땅치 않았다. 하지만 아마도 그녀들은 언제부터 만나자는 나를 더 이상 거절하기 힘들어 겨우 잠든 아이를 일하는 아주머니나 친정엄마에게 맡겨놓고 허겁

지접 집을 나섰을 것이다. 대충 꾸밀 시간도 없었던지, 작은 소품 하나까지 그날 든 가방이나 신발과 깔맞춤을 해야 직성이 풀리던 멋쟁이가 이제는 편한 단화에 헐렁한 티셔츠, 그 위에 외투 하나 덜렁 둘러 입고 나온 걸 보며 어느새 짜증은 가시고 이내 안쓰러운 마음이 든다. 곧이어 그녀의 편안하고 만족스러운 얼굴을 보고 있자니 결혼이 주는 안정감이 저런 거구나 싶어 부럽기도 하다. 하지만 그녀는 매일 운동을 갈 수 있는 내 시간적 여유가 부럽고, 아직 아이를 낳지 않아 여전히 한줌인 내 허리 사이즈가 부럽다고 말한다. 여기까지는 좋다. 서로 생각해 주는 우정이 애틋하기도 하고.

이야기가 이제 겨우 돌 넘긴 아이의 영어 조기교육과 수백만 원씩 하는 수입 유모차 얘기로 넘어갈 즈음부터 나는 우리의 대화가 조금씩 지루해지기 시작하는 걸 느낀다. 한국에 살면서 이유식을 왜 꼭 미제를 먹여야 하는지, 유치원 하나 보내는데 왜 새벽부터 줄을 서야 하는지 도저히 이해를 못하는 나를 그녀는 한마디로 제압한다.

"너 애 낳으면 보자. 너라고 별 수 있을 줄 아니?"

그녀 역시 최근의 내 소개팅 남에 대한, 나아가 그가 신은 양말 색깔을 도저히 참을 수 없어 더 연락을 안 하기로 했다는 얘기 즈음에는 노골적으로 짜증을 낸다.

"니가 그러니까 시집을 못 가는 거야!"

그 후 얼마간 시시껄렁한 농담을 하던 우리는 불과 만난 지 한 시간여 만에 자리에서 일어났다. 아이가 깨기 전에 집에 돌아가야 하는 그녀, 매일 빠지지 않고 해 온 요가 수업에 늦고 싶지 않은 나, 둘 다 더 이상 함께할 여유가 없다. 주차장에서 차를 기다리며 친구는 아직 혼자인 나를 진심으로 걱정하며 자신의 시어머니에게 좋은 선 자리를 부탁해보겠노라, 예의 그 예쁜 반달 눈웃음을 지으며 말한다. "일도 좋지만 여자 인생의 90퍼센트는 어떤 배우자를 만나느냐에 달렸다."고 말하고는 눈 한번 찡긋 하고 총총 사라진다. 그녀의 마지막 멘트에서 '넌 안 가봐서 몰라. 내가 어른들의 세계를 알려주지' 류의, 마치 군대 이야기를 늘어놓으며 어른인 척하는 소개팅 남에게서 느꼈을 법한 무례함이 묻어 나와 뒤늦게 욱하기까지 한다.

결혼 전 마지막으로 봤던 그녀는 자신이 5년 안에 이루고 싶은 꿈들을 노트 한가득 번호까지 매겨가며 채워 나가고, 밤새 준비한 프로젝트를 팀장이 가로챘다고 분개하던, 자신의 인생에 대한 열정으로 똘똘 뭉친 여자였는데 어느샌가 누구누구 엄마, 혹은 누군가의 부인으로 사는 것 말고는 도통 관심이 없는 사람처럼 보인다. 하긴, 결혼보다 더 크게 사람을 바꿀 일이 뭐가 있을까. 아직 내가 안 가본 길이니 섣불리 그녀의 삶을 평가할 주제가 못 된다고 생각하다가도 마음속으로 결혼 전의 자기애 가득하던 그녀가 아쉬운 건 어쩔 수 없다.

비슷한 만남이 몇 번 반복되고 나니 이제 함께 아는 친구의 결혼식이나 서로의 생일 등, 꼭 필요한 일이 있지 않고서는 기혼자 친구들과는 좀처럼 만날 일이 없게 되었다. 우린 어쩌다 이렇게 순식간에 멀어지게 된 걸까. 따지고 보면 결국 우리는 모두 더 이상 미룰 수 없는 선택의 순간이 왔을 때 본능의 소리에 충실해 자신이 옳다고 믿는 방향으로 직감적인 선택을 했을 뿐인데. 친구들이 선택한 삶을 멋지게 살아가도록 응원하고 그녀들의 새로운 정체성(유부녀 혹은 엄마)을 존중하기에는 내가 너무 미숙한 걸까. 그녀들 역시 서른 중반을 향해 가는데도 전혀 인생에 변화가 없는 굼벵이 친구를 견딜 만한 인내심이 부족한지도 모른다. 그렇다면 우리 우정에 이제 더는 기대를 걸 수 없는 걸까. 일단 그렇게 생각하니 남아 있을 친구의 수가 현격히 줄어드는데다 경제적인 관점에서도 우정을 유지하기 위해 들였던 시간과 노력이 아까워 이대로 포기 할 수 없었다. 아니, 무엇보다 나는 그녀들이 아직도 너무나 좋다.

◆ ◆ ◆

결혼 후 갑자기 사라져 두더지마냥 자신의 새 보금자리에 파고들어 친구들에게 코빼기도 비추지 않는 그녀들을 다시 내 곁에 붙들어 놓기 위해 가장 먼저 해야 할 일은 아마도 서로의 현실을 인정하고 받아들이는 것일 테다. 지루하더라도 육아 얘기나 유기농 이유식 공동구매 등에 대해 인내심을 가지고 들어주고 맞장구까지 쳐줄 수 있다면 더 좋을 것이고, 종종 그녀가 분위기 좋은 브런치 레스토랑에 할 줄 아는 건 빽빽 울어대는 것밖에 없는 자신의 갓난 아이를 안고 오더라도 얼굴 찌푸리지 않고 한 시간쯤은 대신 너끈히 어르고 달랠 수 있어야 할지도 모른다.

더 이상 함께 좋아하는 연예인 공연을 가거나, 그 좋아하던 발 마사지를 받으며 수다 떠는 것은 언감생심 꿈도 못 꾸게 됐다는 게 많이 아쉽지만 어쩔 수 없는 일이다. 티격태격하면서도 나는 앞으로도 그녀들과 서로를 보듬으며, 의지하며, 오랫동안 함께 걸어가고 싶기 때문이다.

결혼과 출산이라는 일생일대의 커다란 통과의례를 나보다 앞장서 용감하게 헤쳐 나갔지만 미처 준비되지 않은 채로 어찌할 바를 모르고 멘붕 상태가 되어 있는 그녀들. 결혼과 일 사이에서 아직도 우유부단, 미적거리며 미숙아처럼 구는 나. 양쪽 다 어딘가에 하소연하며 인생 상담받고 싶어지는 건 마찬가지일 텐데 이렇게 조금씩 양보하고 노력하다 보면 예전처럼 서로에게 발전적인 조언자가 되어 줄 수 있지 않을까.

유학
그까짓 거?!

텔레비전 드라마나 영화에서 주인공들이 갑자기, "나 다음 주에 유학 가. 미국으로. 아마 한동안 못 보게 될 거야." 하는 설정에 너무 익숙해져서일까? 다들 유학이란 걸 그렇게 쉽게 떠나는 줄로 알았다. 하지만 막상 내가 가려고 하니, 왜 '무식한 게 용감한 것'이란 말이 생겨났는지 알 것 같았다. 당시의 나는 유학에 대한 꿈과 멋대로 상상한 장밋빛 미래에 대한 상상만 집채만큼 클 뿐, 그 꿈을 현실화시키기 위해서 어떤 준비를 해야 하는지, 얼마만큼의 시간이 걸리는지 감조차 잡지 못하고 있었다.

마음만 급했던 나는 언제 어디로 무엇을 공부하러 갈 건지 같은 기본적인 것들조차도 결정하지 못한 채 무작정 비싼 돈을 내고 영어 개인교습을 시작하고, 얼마 후부터는 주말마다 별 관심도 없는 MBA 공부를 하겠다며 학원을 기웃거렸다. 생각보다 돈도, 시간도, 노력도 많이 드는 현실에 '어쩜 남이 차려놓은 밥상에 숟가락 올리는 것말고는 제대로 하는 게 하나도 없냐' 하고 자책하며 유학을 결심한 지 채 몇 달 되지 않아 곧 의기소침해지고 말았다. 사실 이런 상황이 놀랍지도 않았다. 당시의 나는 유학을 단순히 현실 도피의 도구로 생각하고 있었기 때문이다. 이런 못난 나와는 180도 비교되는 똑순이들이 내 바로 근처에 있었다. 유학을 이미 다녀온 주위 선배들을 보면 다들 어쩌면 그렇게들 똑 부러지는지 '유학은 저런 사람이 가야 되는 거구나' 싶어 우와~하다가도 곧 대책 없는 나와 너무 비교되면서 나의 꿈은 확 쪼그라들고 말았다.

아나운서가 되고 처음 받은 월급으로 그동안 사고 싶었던 그림을 살 정도로 그림에 열정적이었던 김지은 선배. 그로부터 십수 년이 지난 후에도 여전히 돈만 생겼다 하면 그림을 차곡차곡 사 모으던 선배는 한국에서 관련 대학원을 다니며 공부를 하다가 결국에는 성에 안 찬다 싶어 미술 경매로 유명한 크리스티 대학원에 진학해 만학의 꿈을 이뤘다.

언제나 번뜩이는 아이디어와 특유의 에너지로 어딜 가도 될 수밖에 없는 그녀, 방현주 선배는 대학시절의 중국어 전공을 살려 꾸준히 관련 공부와 프로그램을 병행하던 중, 여자 아나운서에게는 쉽지 않은 3년이란 긴 시간을 과감히 투자해 중국 정부 장학금까지 받으며 북경대학교 대학원으로 날아갔다. 당시 선배는 겨우 26개월 된 첫 아이까지 키우며 꼬박 3년을 공부와 육아를 병행했다니 그 야무짐은 웬만해선 따라가기 힘들다.

이런 멋진 선배들에 비해 나는 그저 현실이 답답하고 안주하기 싫다는 이유 하나만으로 유학을 생각하다 보니, 자신이 진정 하고 싶은 게 뭔지 오랜 고민 끝에 확실히 알고 오랫동안 준비해 온 선배들과는 내용과 질에서 현격하게 차이가 났다. 단순히 '현실이 싫으니 우선 가보고 생각하자'가 아니라 '내가 유학을 가서 무얼 공부하고 싶은가'에 대한 대답을 찾는 게 우선이라는 결론을 내리자마자, 당장 아무런 계획 없이 시작했던 영어 과외와 MBA 학원을 그만뒀다.

부모님을 설득하는 것도 큰 문제였다. 속이야 어찌 됐든 겉으로는 남부럽지 않은 직업에, 이제 막 혼기가 꽉 찬 딸이 2년씩이나 일을 접고 공부를 하러 떠나겠다고 하니, 엄마는 듣자마자 펄쩍 뛰셨다. 어린 시절부터 늘 남들처럼 사는 게 가장 행복한 거라고 노래를 부르셨던 엄마는 내가 미스코리아 대회에 나가겠다고 말했을 때처럼 이번에도 역시 "너는 왜 남들처럼 적당히 욕심 부리고, 적당한 나이에 가정 꾸려서 무난히 살 생각을 못 하냐."며 막내딸의 유별남을 나무라셨다.

반면에 아버지는 선뜻 그러라 하시며 응원을 하셨다. 지금 생각해 보면 아버지는 어린 시절부터 늘 딸 셋 중 막내인 내게 가장 관대하셨다. 공부 잘하는 언니들과 달리 무용을 하겠다고 선언했을 때도, 대학도 아닌 고등학교를 서울로 가겠다고 할 때도, 대학에 가서 미스코리아 대회에 나가겠다고 할 때도 아버지는 두말 없이 '그래 한번 해봐라'라고 말씀하셨다. 아들이 없는 아버지는 내가 결혼이나 안정적인 삶을 택하는 대신 이렇게 무언가를 간절히 하고 싶어 하고 의지를 가지고 노력하는 모습 자체가 대견하고 좋으셨던 모양이다.

 이번에도 남들이랑 다 똑같이 속도 맞춰 살려고 노력하지 말고 하고 싶은 일 하며 멋지게 살라고 하시며 오히려 응원을 하셨다. 세상의 기준이나 사람들의 눈에 얽매이지 말고 나만의 인생을 만들어 나가라고 이르시며, 그러기 위해 인생에서 2년 정도의 투자는 할 만하다는 말씀으로 나에게 용기를 주셨다. 아버지의 든든한 지원사격에 나는 한시름 걱정을 놓았다. 그러면서 마주한 아버지의 얼굴, 언제 저렇게 새까맣고 쪼글쪼글한 주름으로 꽉 차 있었나 싶어 가슴 한구석에 무거운 돌덩이 하나가 툭 내려앉았다. 내 나이가 벌써 서른이 됐다는데 몸서리치기만 했지 아버지도 같이 늙어가고 계신다는 생각은 미처 하지 못했던 것이다. 너무 늦어 후회하기 전에 얼른 효도해야 할텐데 생각 하니 괜스레 마음이 조급해졌다.

◆ ◆ ◆

간단하게만 생각했던 유학은 이렇게 시작부터 쉽지 않았다. 무엇보다 나를 괴롭혔던 건, 나름 지금까지 앞만 보고 열심히 살아왔다고 생각했는데 왜 '내가 하고 싶은 것'조차도 제대로 모르는 바보가 돼버렸을까 하는 자책이었다. 남들보다 더 빨리, 더 좋은 직장에 들어가서 또 동료들보다 좀 더 빨리 인정받는 게 성공이라고 생각했던 20대에는 모든 게 참 분명하고 쉬웠는데, 30대가 되니 남들과의 경쟁보다는 나 자신과의 싸움을 해야 한다는 게 정말 막막하고 어렵게만 느껴졌다. 한편으로는 더 나은 미래를 꿈꾸며 노력하느라 지금 하고 싶은 것들, 해야 하는 것들을 놓치고 넘어가는 경우를 겪으면서 이 또한 얼마나 바보 같은 일인가 싶어 답답했다.

이런저런 생각으로 고민이 깊어질 무렵, 결국 나는 방송과 저널리즘에 대해 좀 더 체계적으로 배워 보자는 생각에 관련 저널리즘 대학원에 진학하기로 마음을 먹었다. 지금까지 아나운서 생활을 하면서 늘 모든 게 세팅된 상태로 카메라 앞에 서서 마지막 전달자 역할만 해 왔다면, 이번 기회에 방송 관련 이론부터 시작해 사진과 카메라 촬영, 기사 작성 등 내가 그동안 전혀 엄두도 내지 못했던 새로운 영역을 배워 보고 싶은 욕심도 나를 자극했다. 무엇보다도 체계적인 공부를 통해서 직업의 깊이뿐 아니라 인간적으로도 더 성숙해지고 싶기도 했다.

하지만 유학 관련 엄청난 준비 목록들(토플, GRE, 학교 리서치, 수십 가지의 다른 에세이 버전, 인터뷰, 학자금 마련, 현지 생활 관련 준비까지)의 실체를 알게 될수록 1년 안에 이게 과연 가능할까 하는 의구심이 들었다. 내 나이 벌써 서른, 이 많은 준비를 다 해서 떠나기까지 몇 년의 시간이 걸릴지 모른다는 생각을 하자 지금 내가 꾸는 꿈이 전혀 실현 가능성이 없는 걸지도 모른다는 생각에 '유학은 무슨, 그냥 없던 일로 하고 조용히 회사를 다닐까' 하는 나약한 생각이 슬그머니 고개를 들었다.

세상 무서운 줄 모르고 모든 게 '원하는 대로 이루어지리라' 생각하며 철없던 나는 이렇게 서른이 되어서야 쉬운 건 하나도 없는 진짜 세상 밖으로 나와 하나 둘 깨지고 부딪혀 가며 인생을 배워 나가고 있었다.

◆ ◆ ◆

한산한 토요일 오전 신촌의 한 영어 학원, 간간이 들리는 한숨 소리와 컴퓨터 마우스 딸깍이는 소리 외에는 아무것도 들리지 않는 교실. 주말을 맞아 나는 유학에 꼭 필요하다는 영어 시험 준비를 위한 상담을 위해 아침부터 서둘러 이곳에 왔다.

친절한 상담 실장님은 오늘이 마침 모의 테스트하는 날이니 잘됐다며 시험을 보고 가라신다. '아나운서니 기본 영어 실력은 되어 있지 않겠냐'는 언제 들어도 부담스럽기만 한 말을 덧붙이면서. 사람들은 왜 아나운서라고 하면 당연히 영어를 잘할 거라고 넘겨짚는 걸까. 한국에서 유난히도 사랑받는 똑 부러지는 엄친딸 이미지가 강해서일까. 지금까지는 그 좋은 이미지의 덕만 보고 살았다면 오늘만큼은 아나운서가 아닌 다른 직업(사람들이 내 영어 실력에 환상을 갖지 않을 만한)을 갖고 싶다고 생각하며, 기껏해야 20대 중반이나 될까 싶은 여리여리한 대학 졸업반들 사이에 껴 앉아서 열심히 시험 문제를 풀었다. 아니, 그냥 푸는 척만 한다는 표현이 더 맞는 표현일 것이다.

강남역 TOEFL 학원에 등록했다. 얼른 점수를 받아야겠다고 나름 굳은 다짐을 하며 시간표를 확인하는 순간 다시 한 번 '헉' 소리가 나왔다. 매일 첫 수업 시작이 새벽 6시였던 것이다. 숙직을 하면서도 종종 깊은 잠에 빠져 새벽 5시 첫 라디오 뉴스에 늦거나 혹은 헐레벌떡 맨발로 스튜디오로 뛰어 올라가 가쁜 숨을 누르며 '엠…비…씨…늬우스입니다…아…' 하고 에로뉴스로 듣는 사람들을 놀라게 했던 이 잠귀신에게 새벽 수업이라니!

시작도 하기 전에 질려버릴 것 같았지만 툴툴거리면서도 학원을 알아보고, 등록을 하고, 이런저런 비용 계산까지 하고 있는 걸 보면 유학을 가고 싶긴 무지 가고 싶은가 보다.

결국 지금의 나를 둘러싸고 있는 현실을 변화시키고 싶은 의지가 그 모든 유학과 관련된 제약보다 더 강했던 탓이리라. 아무리 그 과정이 힘들고, 때로는 거의 불가능해 보이더라도 그걸 해야만 내가 원하는 변화를 이뤄낼 수 있다면 다른 선택의 여지가 없었다. 젖 먹던 힘까지 다해 부딪쳐 보는 것밖에는. 평범한 스무 살 여대생이 미스코리아가 됐을 때처럼, 평생 땀에 절은 연습복에 버선 신고 승무와 살풀이 연습만 했던 무용수 지망생이 아나운서로 거듭날 수 있었던 것처럼 영어 공부도 열심히 하다 보면 되겠지 하는 은근한 믿음도 있었다. 결국 내가 제일 잘하는 건 '열심히 하는 것'뿐이니 사실 다른 뾰족한 수도 없었다.

그로부터 1년 반가량의 수험 생활은 정말 고난의 연속이었다. 사실 그렇게 힘들 줄 알았다면 망설임 없이 나를 던지지 못했을 것이다. 하지만 그 당시 나는 뭘 믿고 그랬는지 모르지만 앞날에 대한 걱정보다는 내가 만들어 갈 미래에 대한 기대가 훨씬 컸다. 나이 서른에 중3 수학 참고서를 책가방 속에 꼭꼭 챙겨 넣은 채로 고달픈 수험 생활은 시작됐다.

미녀들의 특별한 휴가

"현진 씨, 스포츠 좋아한다고 했죠? 주말에 웨이크 보드 타러 갈래요?"

얼마 전 소개팅으로 만난 J군의 경쾌한 목소리가 전화기 너머에서 울려 퍼진다. 소개팅 이후에도 워낙 바쁜 스케줄에 별 달리 따로 만나서 데이트를 할 기회가 없었지만 뚝심 있는 이 남자, 잊을 만하면 끈질기게 연락을 해온다. 나지막이 쫀득거리며 전화선 너머로 울려 퍼지는 목소리가 이선균 뺨 후려칠 정도다. '역시 남자는 목소리가 좋아야…….' 라고 혼자 히죽거리다 당장이라도 '좋아요, 너무 좋아요!' 라고 대답할 뻔 했지만, 결국 입에서 튀어나온 말은.

"죄송해요. 일요일에 엄마 생신이라 부산에 내려가야 해요. 아, 그리고 저 다음 주부터 휴가라 외국에 놀러가요. 다녀와서 연락드릴게요."

잔뜩 실망한 상대방의 목소리를 뒤로 하고 전화를 끊으며 생각한다.

'J군과도 이렇게 끝나겠구나. 괜찮은 사람이었는데 아쉽다.'

11월인 엄마의 생신을 8월이라 둘러댄 것도 그렇고 멀쩡히 서울에 있을 거면서 외국 여행 운운하며 거짓말을 한 것도 영 맘에 걸리지만 어쩔 수 없다. 이번 주 일요일에는 아주 중요한 선약이 있는데, 갑작스런 제안에 달리 둘러댈 말이 생각나지 않았기 때문이다. 혹시 양다리? 그럴 여유도, 능력도 없는 요즘이다.

◆ ◆ ◆

남들은 다 늦잠을 자거나 아침 일찍부터 산으로 들로 놀러 나가는 일요일, 이도저도 아니라면 친구 따라 교회라도 나가고 보는 일요일 아침, 커다란 검정색 배낭을 등에 멘 채 나는 강남역행 지하철 2호선에 앉아 있다. 아침 일찍부터 눈에 띄는 삼삼오오 등산객들, 가벼운 옷차림만큼이나 발걸음도 가벼워 보인다. 내 일요일도 몇 달 전까지만 해도 저랬는데…… 지금 나의 일요일은 그들과 많이 다르다. 학교 지원에 필요한 토플 점수를 만들기 위한 마지막 기회, 아홉 번째인지 열 번째인지 이젠 하도 많이 봐서 나조차 헷갈릴 정도로 지긋지긋한 또 한 번의 시험을 코앞에 두고 급한 마음에 아침부터 족집게 과외를 받으러 가는 길이다. 시험까지 남은 시간은 정확히 일주일. 이번 시험이 마지막이니만큼 일주일간 휴가까지 받았다. 1년에 딱 한 번밖에 낼 수 없어 아끼고 아낀 휴가를 토플 시험공부로 보낼 줄 몰랐기에 마음은 한없이 우울하지만 이렇게라도 하지 않으면 유학은커녕 원서도 쓰지 못한 채 지난 1년간의 노력이 거품처럼 사라질 상황이라 생각하니 다른 선택의 여지가 없었다.

6개월이면 원하는 점수를 받을 수 있다고 장담하던 영어 학원 전단지는 말짱 거짓말이었다. 나는 1년째 매일 새벽 토플학원에 다니고 있었고, 점수는 어느 정도 선까지 오르다 어느 순간부터 몇 달째 제자리걸음이었다. 한 번 시험 보는 데 170달러, 우리 돈으로 18만 원가량 하는 돈도 돈이지만 매일 같은 시험장에서 시험을 보다 보니 이젠 시험 감독관이 나에게 눈인사로 안부를 전할 정도니 도저히 창피해서 견딜 수가 없다. '너 또 시험 보러 왔니? 나 같으면 그냥 포기하겠다. 이번이 몇 번째니?' 라고 말하는 듯한 감독관의 의미심장한 웃음, 이 정도면 피해망상이 병이라고 해도 될 정도다. 이런 나에게 그까짓 시험, 딱! 집중해서, 딱! 한 번에 끝내지 그랬냐고 누군가 타박한다면, 진심으로 그 사람을 다시는 안 볼 수도 있을 만큼 요즘의 나는 '토플 노이로제'에 시달리고 있다.

이런저런 생각으로 자괴감에 빠져 있을 무렵 나에게 손을 내민 사람, 오늘 내가 만나러 가는 족집게 과외 선생님이다. 미국에서 대학 졸업 후 대학원 시험을 준비하기 위해 잠시 한국에 머물고 있는 그녀는 과학 고등학교와 미국의 명문대학을 나온 데다 외모 또한 미스코리아 뺨 칠 정도, 소위 말하는 엄친딸이다. 실제로 대한민국의 많은 수험생들과 학부모에게는 일찌감치 공인된 '공신공부의신'이기도 한 그녀. '하버드로 간 미스코리아' 2002년 미스코리아 진, 금나나가 바로 내 족집게 과외 선생님이다.

각각 1년의 차이를 두고 미스코리아 선과 진으로 당선된 우리는 대회 이후 6년 만에 방송을 통해 다시 만났다. 키메라 선생님을 만났던 〈네버 엔딩 스토리〉가 바로 그 연결 고리. '의대생 미스코리아'에서 '하버드로 간 미스코리아'로. 그 이후에도 간간히 자신의 공부 비법을 공개하는 책을 내고 그 책이 베스트셀러가 되면서 이미 많은 대한민국 학부모들 사이에서 '엄친딸'로 자리 매김한 그녀. 제작진은 인생 자체가 끝나지 않는 도전의 연속인 나나의 학교생활을 취재하기로 하고 보스턴으로 날아갔다.

서로의 존재만 알고 있었을 뿐 개인적인 친분은 없었지만 정작 5월의 하버드 교정에서 처음 만난 나나는 20미터 전방에서부터 뛰어와 내게 와락 안기며 '언니이······' 하는 영락없는 애교쟁이 여대생이었다. 전혀 예상치 못했던 먼 이국 땅 보스턴에서의 만남은 왕년의 미스코리아들을 다시 하나로 이어줬고 우리는 그 후 일주일간 함께 촬영하며 금새 가까워졌다. 당시 대학 졸업 즈음에 진로에 대한 고민이 많던 나나와 방송 일에 대한 회의로 이런저런 생각이 많던 나는 서로의 고민을 나누며 더 빨리 친해질 수 있었다. 어쩌면 내 고민을 조금이라도 나눌 누군가가 간절히 필요할 때 그녀가 내 앞에 짠하고 나타났다는 말이 더 맞을지도 모르겠다.

보스턴에서의 인연은 곧 한국에서도 이어졌다. 대학을 졸업하고 1년의 여정으로 잠시 귀국한 나나는 강남역 근처 조그만 오피스텔에 머물며 자신만의 또 다른 도전을 준비하고 있었다. 이미 합격한 콜롬비아 대학원의 입학을 1년 보류한 채 박사과정 지원에 필요한 영어 시험을 보는 것도 그 준비 중의 하나였다. 화려한 미스코리아 타이틀을 내려놓고 20대의 대부분을 먼 이국 땅 쓸쓸한 기숙사에서 공부만 했던 그녀는 이쯤이면 그 공부가 지겨울 만도 한데, 그냥 웃으며 '공부는 내 업보'라고 말했다. 그리고 몇 달째 토플 때문에 괴로워하고 있던 내게 자신이 도와주겠다며 딱 일주일만 함께 공부하자고 했다. 그렇게 갑작스레 대한민국 대표 공신과의 짧은 합숙이 시작되었다.

◆ ◆ ◆

일주일간 동안 지켜본 나나는 내가 본 중 최고의, 상상 그 이상의 노력파였다. 하버드 정도 가는 사람들은 유전자부터 다를 거라고, 그래서 노력보다는 타고난 게 훨씬 많을 거라고 생각했던 건 어설픈 내

짐작이었을 뿐, 이미 하버드를 졸업한 그녀에게는 식은 죽 먹는 것보다 쉬울 것 같은 토플 시험 하나에도 마치 결전을 앞둔 장수처럼 비장한 모습으로 혼신의 힘을 다했다. 그녀의 일상을 하루만 지켜봐도 내가 왜 열 번에 가까운 토플 시험을 볼 수밖에 없었는지 알 수 있었다. 그녀와 나의 차이점을 예를 들자면 이런 거였다.

늘 소파에 비스듬히 누워 음악을 들으며 공부를 하는 나와 달리 우선 책상에 꼿꼿한 자세로 앉아 책상 정리부터 하고 경건한 마음으로 공부를 시작하는 그녀. 집중할 수 있는 시간의 임계점이 40분에서 1시간 사이인 나와는 달리 한번 앉으면 다음 끼니를 먹을 때까지는 자리를 뜨지 않는 무거운 엉덩이. 시험을 본 후 점수만 확인하고 바로 새 문제집을 푸는 나와 달리 틀린 개수보다 틀린 문제를 먼저 보면서 하나하나 다 분석하고 그 자리에서 문제까지 외워 버리는 그녀.

하버드대생의 공부 방법은 생각 외로 간단했지만 막상 따라 하려니 너무나 힘이 들었다. 차근차근 영어 단어를 씹어 먹을 만큼 반복해서 암기하고, 문제집 수십 권을 쌓아놓고 풀고 또 풀고, 영어 작문은 쓰고 또 다시 쓴다. 이런 노력이 하루 이틀로 끝나는 게 아니라 원하는 결과를 얻을 때까지 계속된다는 게 포인트. 잔뜩 기대하고 온 나는 소위 '족집게 비법'이나 '일주일 만에 20점 끌어올리기' 등을 가능하게 만드는 마법의 꼼수 따위는 애초부터 없었다는 걸 깨닫고 왠지 억울한 기분마저 들었다. 그녀가 말했던 족집게 과외는 그냥 스파르타식

합숙 훈련의 다른 이름이었을 뿐이었기 때문이다.

합숙 나흘째. 시계는 이미 새벽 3시를 가리키고 있지만, 오늘도 끝장을 보겠다는 듯 저돌적으로 공부하는 나나는 야참으로 자신의 얼굴만큼 커다란 미제 초콜릿을 입안 가득 우물거리다 졸고 있던 내게 말했다.

"언니, 난 머리가 특출나게 좋지 않아서 남들보다 잘하려면 남보다 몇 배로 노력을 해야 해. 처음엔 그게 너무 억울하기도 했는데 인정하고 나니까 그렇게 편할 수가 없네."

며칠째 이어진 강행군에 이미 12시 근처부터 꾸벅꾸벅 졸며 간신히 정신줄을 붙잡고 있던 나는 '그래 너 잘났다!' 속으로 조그만 반항을 하기가 무섭게 책상 위로 푹 쓰러졌다. 그런 내 뒤통수로, "두 시간 있다 깨울게~"라는 새벽 3시에도 아직 쌩쌩하기만 한 나나의 목소리가 쏟아진다. 대한민국 엄친아의 조상격인 안철수 박사도 나중에 자서전에서 비슷한 말을 했었지. "어떤 문제에 부딪히면 나는 남보다 두세 배 더 많은 시간을 투자할 각오를 한다. 그것이 평범한 두뇌를 가진 내가 유일하게 할 수 있는 방법이다." 라고. 이제 보니 수재들이 자신을 겸손하게 에둘러 표현할 때 대는 공통적인 핑계인가 보다. 그렇게 아무도 믿지 않을, 한 때의 국가대표 미녀였던 우리의 휴가가 지나가고 있었다.

나나와 함께한 일주일이 쏜살같이 지나고 다시 돌아온 시험 날 아침, 전날까지도 늦은 시간까지 깨어 있느라 나는 피곤에 절어 있었다. 서로 다른 시험장으로 가야 하는 우리는 서둘러 책가방을 챙겨 오피스텔을 나섰다. 바쁜 와중에도 편의점에 들러 무언가를 주섬주섬 사서 내게 건네는 나나. 다이어트 콜라와 얼굴 크기만 한 미제 밀크 초콜릿(역시나!)이였다. 시험 전에는 위에 뭔가가 들어가면 머리 돌아가는 속도가 늦어진다며 밥 대신 이걸 먹으란다. 인생의 대부분이 공부와 시험으로 점철된 고수의 제안에, 설렁탕이나 한 그릇 먹고 시험을 보려던 계획을 접고 나나를 따라 빈 속에 콜라를 한 모금 마셔보니 거짓말처럼 정신이 번쩍 들었다. 이내 따끔거리는 속 때문에 한 병을 비우진 못했지만 확실히 각성 효과가 있었고, 나는 제로 콜라에 취한 채 최선을 다해 열 번째 토플 시험을 무사히 마쳤다.

◆ ◆ ◆

그리고 한 달 후, 두근거리는 마음으로 열어본 컴퓨터 화면에는 거짓말처럼 내가 원하던 점수가 찍혀 있었다. 거의 1년 동안 그렇게 혼자서 끙끙거리며 노력을 해도 안 되던 게 나나와의 일주일 합숙으로 단번에 이뤄지다니! 너무나 기쁜 한편 그동안 나 혼자 공부했던 건 뭐였나 싶어 씁쓸하기도 했다. 하지만 이내 앞뒤 안 가리고 목표에만 매달리는 집요한 노력이 불가능해 보이는 걸 가능하게 했구나 싶어 그 비법을 나와 공유한 나나에게 고맙고 또 고마웠다.

서로 외운 단어와 틀린 문제를 체크해 주고, 공부하다 새벽 3시건 4시건 출출할 땐 지하 식당에서 야식을 먹고, 이미 심각한 중독 수준에 이른 듯한 나나의 시도 때도 없는 빅 사이즈 초콜릿 사랑으로 겨우 버틸 수 있었던 우리의 일주일은 그렇게 보상받았다. 얼마 후 다시 만난 우리는 서로 보기 좋게 살이 오른 모습을 보며 낄낄거리다가 이내 '다이어트'라는 새로운 목표를 정했다. 아무래도 목표 중독 나나에게 일주일 만에 많이 길들여졌나 보다.

공부할 때는 그렇게 무섭고 어른스럽던 나나도 다이어트 걱정을 하며 자기 볼살이 너무 통통해서 괴롭다는 푸념을 늘어놓을 때면 영락없는 철부지 아가씨다. 하지만 그녀는 알까? 살이 포동포동하게 오른 화장기 없는 자신이 얼마나 반짝반짝 빛나는지. 늘 꿈을 꾸고 거기에 닿기 위해 앞뒤 재지 않고 노력하는, 그렇게 자신의 20대 대부분을 무소의 뿔처럼 혼자서 묵묵히 걸어온 그녀에게는 청담동에서 흔히 보이는 다들 똑같이 생긴 단백질인형 미녀들은 흉내조차 낼 수 없는 아우라가 느껴진다는 걸 말이다.

그 여름의 짧은 합숙 이후 나나는 다시 미국으로 돌아갔고 지금은 하버드에서 박사과정 공부를 이어가고 있다. 이제는 알 것 같다. 그녀가 그 자리에서 한 걸음씩 전진하기 위해 매 순간 얼마나 혼신의 힘을 다해왔는지. 그래서 나나를 생각하면 그리운 마음보다 안쓰러운 마음이 더 많이 생긴다. 꿈도 욕심도 많은 그녀는 앞으로도 자신을 채찍질

하며 늘 긴장 속에 온 신경을 곤두세우고 살아가겠지만, 그 모든 힘든 과정을 통해서 살아 있음을 느끼고 행복해할 거라는 걸 알기에 나는 그냥 뒤에서 묵묵히 응원만 하려고 한다. 내 인생에서 두 번 다시 돌이키고 싶지 않을 만큼 힘들었던 그 여름 나에게 손을 내밀어 준 것처럼 언제고 나를 필요로 할 땐 그녀에게 내 어깨를 내어줄 거라 다짐하며.

새벽 4시의 전화,
동굴 탈출

커튼이 없는 방 창문 틈으로 스며드는 차가운 새벽 공기에 깊은 잠에서 깨어나 몇 번을 뒤척인다. 이불을 머리끝까지 뒤집어쓴 채 콩벌레처럼 온몸을 돌돌 말고 다시 잠들려 애쓰던 중 울리는 전화벨 소리. 휴대전화 액정 화면에 뜬 4:15am 을 확인하자마자 '이 시간에 누가 개념 없이……' 하며 가벼운 짜증이 밀려온다. 깜빡거리며 울리는 전화기 속에 뜬 낯선 숫자들 역시 전혀 본 적 없어 그냥 무음 버튼을 누르고 다시 잠을 청하려던 중 또다시 시작된 전화벨은 이제는 끈질기게 돌림노래를 부르고 있다. 누군지 몰라도 쉽사리 포기할 것 같지 않아 결국 달콤한 새벽잠을 깨운 방해꾼 목소리나 들어보자 하며 잔뜩 부은 목소리로 전화를 받는다.

"현진? 여기는 버클리 대학교 저널리즘 대학원입니다. 축하해요, 대학원 지원에 합격하셨어요."

전화기 너머, 높은 솔~ 톤의 쨍쨍한 여자 목소리가 들려왔다. 지금 샌프란시스코 시간은 오후 12시. 여자의 목소리로 추측건대 오늘 그곳의 날씨도 아마 쨍하니 좋으리라. 잔뜩 들뜬 목소리로 spring visit, 학기 시작 등등에 대해 혼자 숨도 안 쉬고 떠들던 그녀, "We hope to see you soon in the Bay Area!" 하고선 전화를 끊는다. 그녀의 말대로 된다면, 몇 달 후 나는 캘리포니아 특유의 바삭거리는 태양과 서늘한 바닷바람이 공존하는 샌프란시스코의 여름 안에서 베이 브리지를 건너 학교에 다니게 될 것이다. 담담하게 전화를 끊고 난 후 한참 동안 어둠 속에 앉아 있다가 그동안 참고 참았던 한숨을 툭 하고 길게 터뜨린다. 지난 1년, 길었던 여정의 끝에 다다랐음이 서서히 실감나기 시작했다.

내가 지원한 학교는 딱 두 곳, 버클리대와 뉴욕대. 마음 같아서는 합격 가능성과 선택 폭을 넓히기 위해 가능한 많은 학교에 지원하고 싶었지만 각 학교마다 서로 다른 형식의 지원서를 쓰는 것은 생각 외로 엄청난 시간과 에너지를 요하는 일이라 현실적으로 두세 곳 이상의 학교에 원서를 내는 건 불가능했다. 또 지원서에 들어가는 서류들만 보더라도 영어 점수뿐만 아니라 대학교 성적, 경력과 관련된 수많은 증명서들과 포트폴리오, 지금까지 썼던 글이나 진행했던 프로그램들을 영어로 번역하기 등 세부적으로 하나하나 손이 가는 일도 많아, 수십 가지의 다른 버전들을 준비할 엄두를 내지 못했다. 게다가 대학 시절 내내 학교생활과는 담쌓고 살았던 티가 여실히 드러나는 끔찍한 수준의 학점(평점 4.3 만점에 3점이 채 되지 않았으니 더 무슨 말이 필요할까), 최선을 다했지만 그저 평균 수준 정도나 될까 싶은 영어 점수, 원서 마감에 쫓겨 부랴부랴 만드느라 만족스럽지 못한 포트폴리오까지 더해, 현실은 낙관적인 결과를 장담하기엔 한없이 모자라 보였다. 오죽하면 원서 준비를 도와주는 친구조차 고개를 모로 흔들 정도였으니 나 자신조차도 잘될 거라는 확신이 전혀 없었다.

   게다가 1년이 넘게 계속된 시험 준비로 체력과 정신력 모두 이미 한계를 느낀 나는 고성능 짤순이를 사용한다 해도 더 이상 짜낼 만한 게 하나도 남아 있지 않은, 말 그대로 '진공'의 상태였다. 상황이 이렇다 보니 결국 마감에 쫓겨 꼭 가고 싶었던 학교 두 곳에 부랴부랴 원서를 내는 것으로 만족해야만 했다. 그리고 한 달, 좀비처럼 하루하루를 보내던 즈음 미국에서 걸려온 이른 새벽의 전화 한 통으로 드디어 나는 지난 1년 반 동안 숨어 지냈던 어둠침침하고 좁아터진 나만의 동굴 밖으로 걸어나올 수 있었다.

스페인 출장에서 만난 키메라 선생님께 자극받아 시작된 새로운 도전과 그 길었던 여정. 매일 아침 아메리카노 한 사발을 빈 속에 들이부으며 떠지지 않는 눈을 부릅뜬 채 들었던 기초 영어 수업이 실전반으로 바뀌는 동안 몇 번의 계절이 바뀌었고, 내 주변 사람들에게는 승진이나 이직, 결혼이나 자녀의 출산 등 크고 작은 변화들이 생겼다. 하지만 나는 여전히 주중에는 영어 학원, 주말에는 이대 도서관에서 하루를 보내는 단조로운 일상을 반복했고 그 와중에 단 하나의 변화라면 핫초코나 고작해야 연하게 탄 아메리카노를 즐겨 마시던 내가 모자란 잠을 쫓기 위해 한약같은 더블 에스프레소로 커피 취향을 바꿨다는 것 뿐일 정도로 매일이 똑같았다.

　그 당시를 돌아봤을때 가장 힘들었던 건 다름 아닌 처음의 결심을 포기하지 않는 것이었다. 더 나은 30대를 꿈꾸며 선택했던 '유학'이라는 카드가 정말 내가 원하는 것들을 가져다줄 수 있을까에 대한 처음의 확신이 힘든 준비 과정을 견디며 점점 물음표로 변해갔기 때문이다. 서른이 다 돼서 시작한 영어가 잘 늘지 않아 힘들 때마다, 새벽까지 방송 일을 하고 집으로 돌아와 새우잠을 자고 일어나 녹초가 된 몸을 질질 끌고 영어 학원에 갈 때마다, 일터에서 똑 부러지게 자신의 몫을 챙기며 점점 나보다 앞서 나가는 동료를 볼 때마다 처음 그토록 단단하던 확신은 조금씩 빈틈을 보이기 시작했다. 그러면서 어느 순간부터 '왜 그렇게 힘들게 살아? 노력만으로는 안 되는 게 있다고! 유학 하나 간다고 니 인생이 얼마나 달라질 것 같아?' 하는 냉소적인 목소리가 내 안에서 점점 커져갔다.

◆ ◆ ◆

뜻대로 잘 안 되는 유학 준비에 더는 버티지 못할 만큼 몸도 마음도 한계에 다다를 무렵, 어차피 시작한 것 끝은 내야겠다는 생각으로 약해지는 나를 다잡으며 하루하루를 겪어내다 보니 거짓말처럼 그 긴 여정의 끝에 다다랐다. 출국을 앞둔 즈음 몇몇 주변의 친구들이나 지인들이 유학준비에 대해 묻곤 했다. 자신들도 사실은 늘 나와 같은 생각을 해왔다고. 너무 늦지 않았다면 지금이라도 용기를 내서 시작해보고 싶다며 말이다.

멀쩡한 직장에 다니다 어느 날 유학 준비를 한다며 1년 반을 뚝딱, 앞으로 2년(그것도 일찍 결혼한 친구들은 애 둘쯤은 낳았을 만한 여자 나이 서른에)을 미국에서 뚝딱 날려버릴 나를 두고 늘 현실감각이 제로라며 걱정하는 사람들만 봐온 터라 이렇게 나와 비슷한 고민을 그들에게 어떤 조언을 해줘야 할지 망설여졌다. 나 역시 이제야 겨우 그 긴 터널을 빠져나온 터라 고생할게 훤히 보이는 길을 웬만해선 다른 사람에게 권하고 싶지 않은 게 솔직한 심정이기도 했다.

결국 그들에게 해준 어설픈 조언은, 특출나게 잘하는 것 없는 내가 잘 하는 유일한 한 가지 '될 때까지 하기'가 목표를 가능하게 만들었다는 것이다. 현실에 안주하는 게 죽기보다 싫은 그 절박함이 위기의 순간에도 목표를 포기하지 않게 만들었고, 인생을 좀 더 주도적으로 살겠노라는 결심이 마지막 순간까지도 나를 지탱해 준 힘이었다고.

간혹 예전의 나와 같은 절박함이 얼굴에서 묻어나는 사람들을 볼 때면, 하고 싶은 게 있다면 눈치 보지 말고 꼭 '지금' 시작하라고 말하고 싶다. 현재 주변 상황이 좋지 않아서, 나이가 이미 너무 늦어버린 것 같아서, 혹은 시간이 너무 많이 걸릴 것 같아서 하고 싶은 일을 지금 잠시 잊어버리더라도 이런 사람들은 에너지가 너무 강해 결국 뒤늦게라도 자신이 원하는 길로 가게 되어 있기 때문이다. 그 길이 아무리 험하고 오래 걸리더라도 결국에는 목표 지점이 보이게 마련이니 조금만 참고 포기하지 않았으면 한다. 일단 마음먹었다면 목표하는 것만 생각하라는 당부도 하고 싶다.

결국 모두를 만족시키는 선택은 없다. 무슨 일이 있어도 그 선택에 대한 책임을 온전히 지겠다는 결심만 있다면, 그리고 그로 인한 행복이든 불행이든 오롯이 자신이 짊어질 준비가 되어 있다면 이미 시작부터 반 이상은 온 것이나 다름없다. 두드려도 안 열리면 열릴 때까지 수백 번, 수천 번 두드리는 수밖에 없다. 그러면 언젠가 그 열리지 않을 것만 같던 문이 나를 향해 두 팔을 활짝 벌릴 것이다.

▸ 간혹 예전의 나와 같은 절박함이
얼굴에서 묻어나는 사람들을 볼 때면, 하고 싶은 게 있다면
눈치 보지 말고 꼭 '지금' 시작하라고 말하고 싶다.
현재 주변 상황이 좋지 않아서, 나이가 이미 너무 늦어버린 것 같아서,
혹은 시간이 너무 많이 걸릴 것 같아서 하고 싶은 일을
지금 잠시 잊어버리더라도 이런 사람들은 에너지가 너무 강해
결국 뒤늦게라도 자신이 원하는 길로 가게 되어 있기 때문이다.
그 길이 아무리 험하고 오래 걸리더라도 결국에는
목표 지점이 보이게 마련이니 조금만 참고 포기하지 않았으면 한다.

수백 번, 수천 번 두드리는 수밖에 없다.
그러면 언젠가 그 열리지 않을 것만 같던 문이 나를 향해
두 팔을 활짝 벌릴 것이다.

이민 가방 두 개,
서울에서의
마지막 밤

출국을 하루 앞둔 저녁, 텅 빈 아파트 안을 바라보니 기분이 이상했다. 생활의 더께가 묻은 짐들을 정리하려면 시간이 꽤 걸리겠다 싶었던 생각은 기우였다 싶을 만큼 눈 깜짝할 사이에 정리가 끝났다. 쓰던 옷장이나 냉장고, 심지어 세탁기까지도 인터넷 중고 사이트를 통해 눈 깜짝할 사이에 다 팔아버리고, 갖고 있던 옷이나 가방들도 그동안 호시탐탐 노리던 둘째 언니에게 줘버렸다. 회사에 들어와 처음 받은 월급으로 산 퀸 사이즈 침대를 트럭에 실어 부산 부모님 댁으로 보내고 나니 이젠 벽면 한가득 들어찬 음반들이 '나 좀 어떻게 해줘' 하고 기다리고 있었다.

처음 라디오 디제이를 맡은 스물여섯 살부터 조금씩 모으던 CD들이 벌써 수백 장. 어느새 이렇게나 많아졌지? 일하느라 연애하느라 바빴던 내 20대가 그만큼 순식간에 흘러갔다는 거겠지. 회사에서 집으로 오는 길에 꼭 지나치게 되는 홍대 앞 퍼플 레코드. 음악을 좀 아는 사장님 덕에 그곳에 가면 늘 새롭고 희귀한 음반들을 많이 접할 수 있었다. 구석 사리에 쪼그리고 앉아 보물찾기 하듯 마틴 스콜세지 감독의 음악다큐 DVD부터 그랜대디의 음악까지 듣다 보면 좋은 음반에 대한 소유욕이 마구 생겼다. 그렇게 사들인 게 또 한 묶음 가득이다.

흩어져 있는 케이스들 중 무심코 손에 잡히는 레니 크라비츠의 CD를 열어보니 휘갈겨 쓴 손글씨가 보인다.

It ain't over till it's over.

아, 그때구나. 모군 때문에 마음고생깨나 했던 그때, 술에 잔뜩 취해서 썼는지 한껏 감상에 젖어 끼적거린 내용을 보니 도대체 제정신에는 못 읽어줄 유치한 신세한탄이다.

신발장을 열어보니 내일 트럭에 실어 보낼 때 마지막에 넣으려고 아직 정리를 하지 않은 신발들이 층층이 빼곡하게 들어차 보는 것만으로도 숨이 막혔다. 이멜다 여사도 아닌데 난 왜 이렇게 신발 욕심이 많을까. 하긴 한때는 구두야말로 진정한 여자의 자존심이라 떠들어댔으니 구두에 대한 내 집착 알만 하다. 나만 그런가, 아니면 모든 여자들이 다 구두에 환장하는 걸까. 한때 엄청나게 사들이던 색색깔의 알록달록한 하이힐들이 일렬로 가지런히 발뒤꿈치를 맞대고 놓여 있는 걸 보고 있자니 이 구두들을 신고 만든 추억들이 떠올라 입가에 웃음이 슬며시 피어올랐다.

  떠나기도 전에 벌써 그리운 날들, 홍대의 수많은 낮과 밤을 수놓으며 참으로 열심히 지치지 않고 놀러 다니던 시절이 미국에서 혼자 외로울 때면 많이 생각나겠지? 여의도에서 홍대로 넘어오던 퇴근 길 꽉 막힌 강변북로도, 자주 가던 이리 카페와 카모메 식당, 집 앞 기찻길 돼지고기 항정살 구이에 소맥 한잔도, 지금 이 아파트도, 그리고 내가 사랑하는 사람들도 모두…….

♦ ♦ ♦

  작은 방 한구석에 놓여 있는 상자들을 열어보니 신입사원 때 수습 기간 동안 과제로 녹음했던 테이프와 라디오 디제이가 된 후 첫 팬에게 받은 엽서와 사진들이 얌전하게 들어있다. 그 중 손에 잡히는 추억 하나, 〈뉴스데스크〉를 진행하던 마지막 날 동기가 찍어준 사진 속 나는 아쉬움 때문인지 시무룩하니, 어깨를 한번만 툭 쳐도 곧 '왕' 하고 닭똥 같은 눈물을 뚝뚝 흘릴 것처럼 보인다. 그만둘 땐 늘 아쉬웠던 방송들, 선배들이 늘 말씀하시는 것처럼 '영원한 내 것'은 없다는 걸 담담하게 받아들이지 못했던 초년병 시절의 나를 보니 그 풋풋함이 신선하기도 하고 또 앞으로 내가 겪을 더 힘든 날들이 떠올라 안돼 보이기도 했다. 사진 속 아직 꼬릿꼬릿한 땟국물이 채 빠지지 않은 앳된 단발머리의 나에게 '시간이 가면 괜찮을 거야'라고 속삭이며 상자를 닫는다.

짐을 싸다 보니 꼭 이렇게 멀리 떠나는 게 아니더라도 진작 집안정리를 한번 할 걸 그랬다는 생각이 들었다. 인생도, 내 주변도, 심지어 당시에는 세상에서 제일 심각하게만 여겨지던 고민들까지도. 가볍게 비우려고 마음먹는 게 어렵지 이렇게 마주하고 보면 별거 아닌데 말이다. 한편으로는 몇 년의 세월을 쏘쿨하게 한 방에 정리해버리고선 '몸 하나만 달랑' 미국으로 건너가려는 지금의 내가 참 독한 것 같기도 하다.

회사에 있던 짐들도 책상서랍 정리를 끝으로 모두 다 옮겨왔고 햇수로 2년가량 매주 목요일에 게스트로 참여했던 박명수 씨의 〈두시의 데이트〉를 끝으로 방송도 다 정리했다. 역시 천하의 박명수답게 샌프란시스코에서 술 많이 마시고 길거리에 뻗어 갈매기들에게 눈 쪼이지 않게 조심하라, 현관 앞에는 늘 270사이즈의 남자 신발을 놔두고 혼자 사는 티를 내지 말아라, 캠퍼스에 돌아다니는 연하들에게 눈길 주지 말고 돌아올 땐 스티브 잡스같이 성공한 능력남을 잡아 둘이 돼 있어야 한다, 금문교가 새겨진 열쇠고리를 부탁한다는 등의 웃기지만 나름의 배려가 물씬 느껴지는 뼈 있는 조언을 하는 통에 마지막까지 배꼽 빠지게 웃으며 안녕 할 수 있었다. 방송 후 스튜디오를 나오는 길에 문득 '다음 주 목요일엔 뭘 하고 있을까?' 싶어 다이어리를 펴보니, 'documentary history 101.'이라는 시간표가 뜬다.

진짜 떠나는구나. 이제서야 실감이 났다.

◆ ◆ ◆

대학교 졸업 반 즈음 이사온 연남동의 조그만 아파트, 함께 살던 언니들이 결혼을 해서 나간 후 나의 싱글 라이프는 시작됐다. 난생 처음 갑작스레 찾아온 자유가 너무 좋아 혼자 꿈에 부풀어 가장 먼저 구입한 것이 실내 장식용 사이키 조명. 이제 매일매일 파티에다 친구들을 불러 밤새 먹고 마시고 놀겠다는 노골적인 제스처였다. 그렇게 한 1년 동안 친구들의 발걸음이 끊이지 않았지만 자유가 지나치면 방종이 되는 법, 나는 매일 아침 라디오 생방송을 해야 한다는 핑계를 대며 회사 코앞 거리에 있는 집으로 이사를 하며 자연스레 내 철없던 20대와 안녕을 고했다. 당시 나의 결심에 대해서 전혀 모르시던 엄마는 이삿짐을 싸면서 나더러 들으라는 듯 큰 소리로 혼잣말을 하셨다.

"마포 아파트 2년 전세 계약이 끝날 때쯤이면 너도 시집을 안 가겠나. 그럼 다시 연남동 집으로 올 일 없것제?"

나는 속으로 '그럼요, 그때쯤이면 나도 둘이 되어 있겠지요'라고 혼자만의 각오를 다지며 마포로 건너갔다. 하지만 나는 결국 마포의 아파트 전세기간 2년을 꽉 채우도록 결혼은커녕 제대로 된 연애 한번 못한 채 혼자서 뭉그적거리다가 다시 홍대 집으로 돌아왔다. 그리고 몇 달, 이제는 또 유학을 간다며 다시 훌쩍 집을 떠난다. 이제 짐싸는 데 달인이 된 엄마는 짐을 싸면서 예의 그 어조로 말씀하셨다.

"니 미국서 2년 공부 끝날 때쯤이면 인자는 마 시집가고 이 집이랑도 안녕이것제……."

이번에는 목소리에 힘이 좀 빠지신 것 같았다 내색은 안 하셔도 서른 다 된 딸이 혼자 외국에 공부하러 간다는 게 많이 걱정되시나 보다. 그러고 보니 부모님과도 이렇게 오래 떨어져 혼자 지내는 건 처음이었다. 매번 공과금이나 각종 세금 내는 게 익숙하지 않아 엄마의 독촉전화를 몇 번이나 받고서야 마지못해 은행에 가서 연체수수료까지 덤으로 내면서도 자동이체 변경조차 귀찮아서 하지 않는 내가 미국에서 혼자 잘 버틸 수 있을까? 자가운전 4년째, 족히 열 번은 더 크고 작은 접촉사고를 낸 끔찍한 내 운전솜씨로 미국서 면허증이나 딸 수 있을까? 구제불능 생활 폐인, 걱정부터 앞섰다.

하지만 무엇보다 가장 큰 걱정은 사랑하는 가족과 친구들에게 계획했던 대로 쿨하게 안녕할 수 있을까 하는 것이었다. 평소의 나라면 죽었다 깨어나도 하지 않을 고민이지만 지금 이 순간, 일생일대의 진짜 독립을 앞두고 있는 나는 이별을 생각 하는 것만으로도 두려움과 외로움이 동시에 밀려들어 잠자리에서 벌떡 일어나 텅 빈 집 안을 서성였다. 2년이라는 시간은 나를 어디로 데리고 갈까? 모든 게 잘 되겠지? 그렇게 간절히 꿈꾸던 새로운 시작을 눈앞에 두고서 밀려오는 상념에 나는 늦은 밤까지 잠을 이루지 못했다.

결혼
엑소더스 Exodus

　시간은 벌써 자정을 넘어 새벽 1시를 향하고 있지만, 요 몇 달 졸업 기사와 씨름 중인 나는 오늘 밤도 실핏줄 한가득 충혈된 눈으로 컴퓨터 모니터를 뚫어져라 쏘아보고 있다. 자꾸 흐릿해지는 정신을 간신히 붙들고 '조금만 더'를 중얼거리며 화면 위에 어지럽게 떠 있는 수십 개의 기사들과 자료들을 훑어보지만 이쯤 되면 오늘 밤은 별 소득이 없을 것 같다. 바로 내일로 다가온 지도 교수님과의 미팅, 불안한 마음에 잠자리에 들지는 못하고 안절부절 못하며 시간을 죽이는 내 자신이 한심해질 무렵 자동 로그인 돼있던 스카이프로 둘째 언니가 말을 걸어온다.

- 잘 지내? 별일 없고?

- 내일 미팅 준비 하느라 죽을 맛. 언니는?

- 힘내, 엄마가 어제 전화 와서 너 걱정 많이 하시더라

- ?

- 너희 회사 아나운서 XX 이번에 결혼한다며……

- 근데?

- 너 결혼정보회사 등록할래? 언니가 돈 대줄게. 지금 이러고 있을 때가 아니야

- ㅠㅠㅠ

    과연 제때 졸업이나 할 수 있을까 하는 걱정을 한가득 안고 만성이 된 지루성피부염으로 가려운 얼굴을 긁적이며 영어 기사와 씨름하던 밤, 이미 열댓 번은 더 들어 새로울 것 하나 없는 언니의 설교에 나는 평소와 달리 파르르 성질을 부리고 말았다. 자신이 할 말이 끝날 때까지는 남 기분 따위 전혀 아랑곳하지 않는 그녀, 하얀색 스카이프 대화 창 위로 분당 400타는 족히 될 듯 엄청나게 빠른 속도로 '내가 이러고 있을 때가 아닌' 이유에 대해 폭풍같이 써 내려 간다.

    요약하자면, 현실적으로 아무리 잘난 여자라도 나이 서른다섯이 넘으면 좋은 혼처는커녕 결혼 자체가 어렵다. 잘난 남자들은 가방끈 길고 까칠한 30대 보다 공부 덜 하고 말 잘 듣는 20대 여자를 좋아한다.

지금 당장 결혼을 한다 해도 이미 노산인데 이를 좋아 할 남자나 시댁은 없다. 혼자 늙어가는 노처녀에 대한 주변 사람들의 따가운 시선도 견디기 힘들 것이다. 결혼을 해도 후회, 안 해도 후회라면 남들 눈을 생각해서 그냥 하고 후회하는 편이 낫다. 일 또한(특히 방송 일) 능력과는 별개, 나이 든 여자를 선호하는 직장은 없다. 결국 능력 있는 남자를 만나서 결혼한 후 자신의 일은 굳이 목숨 걸고 하지 않아도 될 정도로 우아하게 사는 게 훨씬 현명하다. 고로 너에게는 시간이 많지 않다. 하지만 내가 보기에 너는 좋은 사람을 만나려는 의지나 노력이 전혀 없는 것 같다. 공부한다는 핑계만 대지 말고 지금부터 최선을 다해라.

언니의 잔소리가 결혼에 대한 내 의지와 노력으로 넘어올 즈음, 더 이상 들어줄 수가 없어 욱 하는 마음에 나간다는 인사 한마디 없이 로그아웃해 버리고 말았다. 요즘 인기 있는 개그 프로의 어느 코미디언을 흉내내자면, 언니는 "도대체 왜 이러는 걸까?" 결혼이 대입수능이나 공무원시험 준비도 아니고 노력이 부족하다며 혼을 내다니. 그녀가 말하는 의지나 노력의 실체는 뭘까. 혹시 내게 정말 문제가 있는 건 아닐까.

이 모든 잔소리의 발단이 된 아나운서 동료 A양, 몇 달 전 방학을 맞아 잠시 한국에서 만나 차를 마실 때만 해도 남친이 없다며 소개팅을 시켜 달라 조르던 그녀는 깜짝하게도 그 만남으로부터 6개월이 채 되지 않아 결혼 발표를 했다. 인터넷 검색으로 쉽게 찾은 그녀의 결혼

화보, 꽃보다도 아름답다. 쳇, 내숭이었구먼. 은근히 얄밉지만 사진만으로도 느껴지는 너무나 행복한 그녀의 모습에 부러운 마음이 풍선처럼 부풀어 오른다. 그녀의 사진을 보다 문득 컴퓨터 모니터에 반사되어 보이는 내 모습이 너무 처량해 한숨만 나온다. 감지 못해 떡진 머리에 아무렇게나 걸친 목 늘어난 티셔츠, 지루성피부염으로 얼룩덜룩해진 얼굴까지. 갑자기 기분이 확 가라앉는다. 결혼도 공부도 때가 있다는데, 서른이 넘은 지금 미국까지 와서 청승 떠는 내가 미련한 건가. 조금 전까지만 해도 내 머릿속을 꽉 채우고 있던 졸업 기사는 어느덧 자취를 감추고 언니가 했던 말들만 머릿속을 한가득 메운다.

◆ ◆ ◆

굳이 언니의 잔소리가 아니어도 요즘 부쩍 결혼 소식을 알려 오는 친구들 때문에 마음이 싱숭생숭하던 중이었다. 서른 즈음, 대부분의 친구들이 결혼을 심각하게 고려할 때 나는 유학을 택했다. 그리고 이제 공부가 끝나갈 무렵, 두 살을 더 먹어 서른셋이 되었다는 것 외에는 거의 변화가 없었던 내 일상과는 달리 대부분의 내 친구들은 지난 2년을 분수령으로 약속이라도 한 것처럼 결혼을 했다. 멀리서 찾을 필요도 없이 내가 미국에 있는 동안 내 또래의 미혼 여자 아나운서들 중 한두 명을 제외하고는 모조리 몇 달 간격으로 결혼 소식을 알려왔으니 이 정도면 가히 서른 즈음 여자들의 결혼 엑소더스, 싱글 탈출 러시라 할 만하다.

　이렇게 내 주변 사람들의 연이은 결혼을 목격하면서 든 의문점. 그들은 우연히 모두가 비슷한 시기, 대부분 서른 즈음 평생의 짝을 찾은 걸까. 아니면 그 시기가 지나면 아무래도 어려울 것 같아 그때 만난 누군가를 억지로 내 평생의 짝이라 믿기로 한 걸까. 이미 결혼을 한 누군가는 이런 내 궁금증을 루저의 궁색한 변명이라 할 수도 있겠다. 하지만 내가 한국에 없던 지난 2년 사이 결혼을 한 친구들 대부분이 오랜 연인보다는 선이나 소개팅을 통한 3개월 미만의 데이트끝에 결혼에 골인했고 그래서 친한 친구들 신랑인데도 결혼식장에서 처음 얼굴을 보는 웃지 못 할 상황이 종종 연출 되다 보니 이런 불순한 생각이 들 수밖에 없었다.

　한두 계절 전에는 분명 싱글이었던 그녀들, 계절 하나 차이로 청첩장에 심하면 뱃속에 속도 위반 혼수까지 넣어 나타나서는 "그렇게 됐어……" 하며 멋쩍은 웃음을 짓는 한편으로 '해냈다'고 안도하는 모습이 오버랩 된다면 내가 오버하는 걸까. 아무리 부정해도 여자 나이 서른, 더 이상은 미룰 수 없는 우리 모두의 숙제와도 같은 결혼에서 애초에 선택권 따위는 주어지지 않았던 걸지도 모른다는 생각을 하자 갑자기 울컥한다. 한 명, 두 명, 친한 친구들의 전광석화와 같은 결혼을 보고 있자니 지금까지 결혼은 선택이라 생각하며 '더 이상 미룰 수 없어서 하는' 결혼은 절대 하지 않겠다고 똑 부러지게 소신을 밝히던 나였지만, 마치 크리스마스 무렵 빵 가게 진열창 안에 팔리지 않은 오래된 케이크가 된 듯한 느낌은 지울 수 없었다. 크리스마스가 지나도 팔리지 않고 남아 있는 케이크들은 연말 송년회에다 뭐다 아직 조금의 기회는 남아 있지만, 12월의 마지막 며칠이 지나고 나면 그 기회마저도 놓쳐 버리고 곧 유통기한을 다 하고 결국 쓰레기통에 처박힐 일만 남았을 거란 결론에 이르자 이게 바로 노처녀 히스테리의 시작이 아닐까 싶어 덜컥 겁이 났다.

불안의 한켠에는 억울한 마음도 있다. 결혼은 각자의 신념이나 라이프스타일에 따른 선택사항이 아닌가. 우리나라에서는 왜 서른 넘은 여자가 결혼을 하지 않으면 큰 결격사유라도 있는 것처럼 가족에게도, 회사에서도 어른 대접을 받지 못하는 걸까. 또 누가 정해 놓은 것도 아닌데 왜 서른이 되면서 이렇게 눈에 보이지 않는, 하지만 대부분의 여자들이 종교처럼 맹신하는 사회적 관습(결혼, 출산, 육아, 일)에 동참하지 않는 여자들은 낙오자나 별종 취급당하는 걸까. 결국 남에 의해 끌어내려져 더러운 루저의 기분을 맛보기 전에 서둘러 짝짓기를 위한 필사의 몸짓을 할 수 밖에 없는데는 이런 불안함들이 한 몫 할 것이다.

내 주변에도 역시 이 모든 상황이 지긋지긋해서 누구라도 잡고 보자, 성급하게 결혼을 한 사람들이 많이 있다. 성격 무던한 누군가는 아직도 잘 살고 있고, 그렇지 못한 누군가는 몇 년 살지 못하고 다시 혼자가 된 경우도 있다. 스물다섯 꽤 이른 나이 결혼한 선배 하나가 떠오른다. 그 분은 그다지 행복하지 못한 결혼생활을 남들 눈 때문에 지속하다 30대 후반에야 이혼을 한 후 딸 둘을 키우며 혼자 사신다. 쉰 살이 넘어서도 너무나 예쁘고 매력적인, 끼도 많고 술도 잘 드시는 선배에게 물어본 적이 있다. 왜 그렇게 일찍 결혼했고, 또 왜 이혼을 했냐고. 그녀의 대답은 의외로 심서웠다.

"권위적인 아버지와 한 집에 사는 게 견딜 수 없었거든."

당시에는 고작 그게 자기 인생의 가장 중요한 결정을 하는 데 이유가 될 수 있을까 싶었지만, 이제는 알 것 같다. 결국 그 선배는 결혼을 하고 싶었던 게 아니라 결혼을 해야만 진정한 어른으로 대접해 주는 사회에서 숨통을 트기 위해 자기 앞의 유일한 옵션인 결혼을 선택했던 것이다.

"식장에 들어서는 순간 이건 아니지 싶더라고. 그 사람은 내가 평생을 함께 하고 싶은 사람이 아니라는 걸 그때 이미 알았던 거지. 그런데 거기 모인 하객들을 보니까 그만둘 용기가 안 나더라. 미친 소리 같지만 넌 결혼식장에 들어가다가도 아니다 싶으면 되돌아 나와."

술자리 농담처럼 웃으며 내게 말했던 선배, 몇 년이 지난 지금에야 그 말의 무게를 알 것 같다. 결국 그녀가 하고 싶었던 말은 불만족스러운 현실에 대한 손쉬운 탈출구로 덥석 결혼이라는 카드를 집어들지 말라는 거였다.

♦ ♦ ♦

　서른 즈음, 정신을 차릴 수 없을 정도로 연일 이어지던 친구들의 결혼 러시는 마치 성경 속 이집트를 탈출하는 이스라엘인들에 관해 서술한 출애굽기의 한 장면과 닮아 있었다. 그리고 그 광기의 끄트머리인 서른셋의 지금, 나는 웬만큼 멀쩡하고 정상적인 친구들이 모두 떠나버린 을씨년스러운 캠프에 덩그러니 남아 있다. 그나마 몇 안 남은 주변 캠프 동료들도 혹시나 자기가 마지막 남은 일인이 될까 노심초사하며 부산스레 떠날 준비를 하고 있다. 약속 없는 주말이 쓸쓸하게 느껴질 때, 늦은 밤 수다가 정말 고파서 전화번호를 뒤져봐도 마땅히 전화 할 친구가 떠오르지 않을 때 예전 같으면 결혼에 맹목적이던 친구들을 사이비 종교에 빠진 광신도 보듯 하던 나도 이제는 슬슬 마음이 조급해진다.

　그렇게 마음을 단단히 먹고 나선 소개팅. 이제 곧 30대 중반이 되는, 시장 기준으로는 똥값은커녕 가치 평가 자체가 무의미해지는 나이라고 하니 20대 때의 소개팅을 대하던 자세와는 사뭇 다르다. 아니, 달라야 한다. 아무리 맘에 들지 않아도 세 번은 만나 보리라 나 자신에게 약속하고 나가지만, 머릿속 한 켠에서는 눈에 보이는 조건만을 보고 M&A 협상하듯 만난 남녀 사이에 비즈니스 이상의 감정이 싹트는 게 더 이상하다는 생각을 지울 수 없다. 서로의 소중한 시간을 내어 마주 보고 앉아 있지만 결국 '키가 나보다 1센티미터라도 더 커야 되지 않냐' 혹은 '언제 봤다고 말끝은 잘라먹느냐'며 속으로 온갖 생트 집을 잡다가 한숨 푹 내쉬며 집으로 돌아오는 길 조용히 상대방의 연락처를 전화기 목록에서 지운다.

하지만 이제는 이런 고민을 할 필요 없는 유부녀 친구들이라고 마냥 좋은 것만도 아닐 것이다. 함께인 게 너무나 당연해짐과 동시에 일상의 더께가 묻어 점점 '그냥 아저씨'스러워지는 남편의 모습에 설렘과 긴장을 잃어버려 안타까움을 느낄지도 모르고, 대한민국에서 아직까지 절대적으로 여자의 몫인 육아에 대한 스트레스에 부딪쳐 절망스럽기도 할 것이다. 사실 우리나라에서 여자들이 결혼과 출산, 육아를 어느 정도라도 해놓고 다시 사회에 나와 예전 싱글 시절 수준의 일자리를 구하는 건 거의 불가능한 일이다. 때문에 결국 '내 모든 커리어를 포기해도 아깝지 않을 남자', 바꿔 말해 '경제력 있는 남자'를 고르려 혈안이 된 여자나 '혼테크'라는 값싼 신조어가 등장하는 지도 모르겠다. 게다가 드라마에서 우스갯소리로 부르는 '시월드'의 그 오묘하고 복잡한 세계에 맞닥뜨리게 되면, 아마도 그때만큼은 그들이 동정해 마지않던 싱글들이 부러워 미칠지도 모르겠다.

이렇게 해도 후회 안 해도 후회인 결혼을 단지 친구들 중 제일 마지막까지 결혼하지 못한 쩌리 신세가 되는 것에 대한 두려움 때문에 서두른다면, 20년 전 선배처럼 결혼식장에 걸어 들어가는 길에 이건 아

닌데 하고 진짜 후회하게 될 것만 같다.

♦ ♦ ♦

언니와의 스카이프 통화로 폭발한 노처녀 히스테리가 겨우 잦아들 무렵, 지극히 당연하지만 지키기 쉽지만은 않은 결론에 다다랐다. 어찌면 늘 알고 있었지만 흔들리는 나에게 다시 한 번 상기시켜 준 걸지도 모르겠다. 혼자인 게 쓸쓸해서가 아니라 같이 아줌마 아저씨로 늙어 가도 좋을 사람, 이 요란하게 변하는 세상 한가운데서 진심으로 평생 동안 어떤 비바람도 나와 함께 기꺼이 맞을 각오가 되어 있는 사람을 만날 때까지 아무도 없는 캠프에 남아 있기로. 앞으로 지긋지긋하게 많은 날들을 함께 살아갈 반쪽을 만난다는 건 나 같은 누군가에겐 엄청나게 시간이 걸리고 노력이 필요한 일일지도 모른다. 억울하고, 피곤하고, 잘해 낼 수 있을지 걱정도 되지만 어쩔 수 없다. 그나저나 내 반쪽은 지금 어디 있을까. 살아 있긴 한 걸까?

'Leave your comfort zone'이라는 말이 있다.
직역하면 '너의 안전지대를 벗어나라'쯤 될 것이다.
요즘 따라 이 말이 머릿속에 맴도는 건 막 나만의 보금자리를 박차고 나와 느끼는
두려움의 크기가 생각보다 훨씬 거대하기 때문일지도 몰랐다.
결국 아무리 머리를 굴리고 고민해 봐도
나의 안전지대에서 일단 벗어나 봐야 내 앞에 펼쳐진 길들을
볼 수 있다. 그것이 이것저것 머리로만 재지 말고
우선 떠나고 봐야 하는 이유이기도 하다.
떠나지 않으면 인생에 어떤 놀라운 일도 일어나지 않을 테니까.

'LEAVE YOUR COMFORT ZONE'

나만
생각할 것

• Life •

하이힐에 샤넬 백,
캠퍼스 진상녀
버클리에 가다

　버클리의 5월은 모든 면에서 환상적이었다. 이미 우기가 끝나고 보송보송하게 서늘하면서도 쨍한 날씨. 100년이 훌쩍 넘게 자란 키다리 나무들로 가득한 수목원을 연상시키는 캠퍼스는 걸을 때마다 콧속 가득 놀랍도록 신선한 산소를 공급해 주었다. 계절학기를 듣기 위해 세계 각국으로부터 날아온 젊은이들로 가득한 국제학생 기숙사를 지나칠 때면, 그 속에서 흘러넘치는 젊음의 에너지에 자양강장제가 따로 필요 없을 정도였다.
　2010년 5월 24일, Documentary History 101 첫 수업이 있던 날. 학창시절 새 학기가 시작하는 3월, 잘 모르는 아이들만 가득한 교실에

쭈뼛거리며 들어가던 그 떠올리기 싫은 긴장감과 어색함이 십 수 년 만에 다시 나를 찾아왔다. 게다가 이번에는 극복하기 결코 쉽지 않은 언어의 장벽까지 있으니 그 긴장감은 몇 배다. 어떤 수업일까, 너무 어려운 수업을 신청한 건 아닐까, 과연 내가 얼마나 알아들을 수 있을까를 고민하다 보니 전날 밤을 거의 뜬 눈으로 지새우고 말았다. 일찌감치 학교에 도착해 아직 잠겨있는 강의실 밖 나무 의자에 앉아 지나가는 학생들을 관찰하며 시간을 보내기로 했다. 마주치는 대부분이 이제 겨우 스무 살이나 됐을까 싶은 앳된 얼굴들이다. 잠에서 깨서 거울도 안보고 곧장 학교로 온 듯 부스스하게 까치집 같은 머리에 부은 눈을 한 귀여운 남학생이 저 쪽 벤치에 기대 졸고 있고, 커다란 검정 배낭 하나에 면 티와 청 반바지, 플립플롭을 신고 허겁지겁 강의실을 향해 뛰는 금발의 여자아이도 저 멀리 보인다. 굳이 그들이 아니어도 캠퍼스에서 마주치는 모두가 별 달리 꾸미지 않아도 풋풋한 젊음으로 반짝반짝 빛나고 있었다. 이제야 조금 실감이 났다. 다시 학생이 됐구나.

하지만 마음과는 달리 아직 온전하게 학생 모드로 전환하지 못했나 보다. 수업 시작을 알리는 시계탑 종소리와 함께 강의실 안으로 들어가 마주친 학생들 사이에서 서른 살 누나는 우선 옷차림부터가 너무 튀었다. 미국에 도착하자마자 제일 먼저 달려간 쇼핑몰에서 산 G모 브랜드의 이번 시즌 신상 검정 원피스를 몸에 딱 달라붙게 입고 요즘 유행하는 스틸레토 힐과 손바닥만 한 검정 샤넬 백을 손에 든 내 모습은 학교 강의실보다는 강남 어느 호텔 커피숍의 맞선 자리나 잘나가는 회사원 남자친구의 비즈니스 칵테일파티에 더 어울렸다. 이런 생각을 하는 게 나만이 아닌 듯, 교실에 앉은 아이들 모두 아까부터 나를 흘끔거리며 쳐다보느라 바빴다. '넌 어느 별에서 왔니?' 하는 표정을 하고서.

주위를 둘러봐도 나처럼 차려 입은 사람은 하나도 없었다. 샤넬 백 대신 커다란 배낭을, 몸에 붙는 드레스 대신 반바지에 면 티셔츠를, 그리고 하이힐 대신 스니커즈를 신은 민낯의 학생들만 강의실을 가득 메우고 있을 뿐이었다. 곧이어 수업이 시작되자마자 또다시 나를 덮치는 컬쳐 쇼크. 아무리 잘 봐줘도 나보다 한두 살 어리거나 내 또래 정도로밖에 안 보이는 숏커트의 백인 여교수가 학생들에게 말했다.

"My name is Jen and I'm gay……."

여기서 잠깐! 내가 잘못 들은 건 아니겠지? 그러니까 이름이 젠이고 자신은 게이라고? 오 마이 갓! 실제로 자신이 레즈비언임을 밝히는 사람을 본 것도 처음일뿐더러, 이렇게 대놓고 당당한 사람도 처음이었다. 더욱 놀라운 건 학생들의 반응이었다. 교수의 커밍아웃에도 아랑곳없이 고개를 책상으로 처박은 채 책에서 눈도 떼지 않았다. 만약 우리나라 대학에서 개강 날 교수가 자신을 동성애자라고 밝힌다면, 그것도 여자가, 어떤 반응이 일어날까. 자신이 동성애자임을 밝혔다는 이유로 근 10년간 텔레비전에서 사라졌던 모 연예인이 떠오르면서, 내가 지금 있는 곳이 미국이라는 실감이 들었다.

■ ■ ■

　수업 내용 역시 만만치 않았다. 다큐멘터리의 역사에 관해 배우는 이 수업은 영화과와 미디어 스터디 전공 학부생들의 필수과목이라 단순한 교양과목보다는 훨씬 수준이 높고, 학생들 사이에서 학점 경쟁도 치열했다. 주 1회 쪽지시험, 매 수업 시간마다 수업관련 발표 한 번 이상 필수, 수업 시간에 본 모든 영화 분석 리포트 제출, 거기다 중간·기말 고사까지, 한마디로 수업 시간에 하는 모든 것이 점수에 반영된다는 교수의 설명에 시작하기도 전에 기가 팍 죽고 말았다. 첫날부터 수업을 할 거라는 생각을 하지 않은 나는 미리 인터넷에 공지된 수업 관련 자료는커녕 필기도구조차 챙겨오지 않은 상태였다. 결국 수업 시간 내내 남들은 손이 안 보일 정도로 빠른 속도로 노트를 채워 나가는 동안 나는 요란한 차림새로 멀뚱멀뚱 교수의 입 모양만 바라볼 수밖에 없었다.

　세 시간 동안 이어진 첫 수업을 겨우 끝내고 교실 밖으로 나오니 머리가 깨질 듯 아파왔다. 방송을 할 때도 유난히 스트레스를 받을 때면 어김없이 나를 괴롭혔던 긴장성 두통이 찾아온 것이다. 하지만 아직 엄살을 부리기에는 일렀다. 내일 수업시간에 있을 퀴즈 준비를 하려면 당장 오늘 밤 안에 두꺼운 책 한 권을 다 읽어야 하기 때문이다. 계절학기라 만만하게 봤더니 자칫 잘못하다가는 낙제를 하게 생겼다.

게다가 첫날부터 영 분위기 파악 못하고 헤매는 걸 보니, 앞으로 2년간의 캠퍼스 생활이 호락호락하지는 않을 것 같은 불길한 예감을 떨칠 수 없었다.

■ ■ ■

첫 등교 이후 내가 촌스러운 회사원 룩에서 벗어나는 데는 그리 오랜 시간이 걸리지 않았다. 이 곳 학생들이 우스갯소리로 하는 말, sink or swim(가라 앉거나 살아 남거나) 이 서른 넘은 늦깎이 학생인 나에게는 절실하게 다가왔기 때문이다. 힘든 준비와 2년이라는 시간을 희생해서 이곳에 온 만큼 낙오되지 않고 잘해내고 싶었다. 드넓은 캠퍼스를 조금이라도 빨리 주파하기 위해 하이힐을 운동화로 갈아 신었고, 수업자료 가득한 컴퓨터에다 매일 적어도 두 세 권씩은 읽어야 하는 수업 관련 책들을 넣기 위해서는 샤넬 백 대신 커다란 배낭이 필요해 보였고, 나는 곧장 나는 학교 매점에서 튼튼한 분홍색 배낭을 하나 샀다. 안 되는 영어로 수업을 따라가고 퀴즈에 중간·기말고사까지 보려니 늘 새벽 4,5시까지 잠 못 자는 날들이 반복되었고, 자연히 화장은 커녕 세수할 시간도 없이 학교로 뛰어가야 하는 웃지 못할 경우도 생겼다. 그러다 보니 계절학기가 끝날 즈음 옷장에 차곡차곡 쌓이는 건 얼굴을 다 가릴 수 있는 야구모자뿐이었다.

지긋지긋한 일상에서 벗어나 다시 학생이 됐다는 기쁨도 잠시,

여 년 만에 다시 찾아온 새학기 증후군과 긴장성 두통을 친구 삼아 나는 서서히 버클리 생활에 적응하기 시작했다.

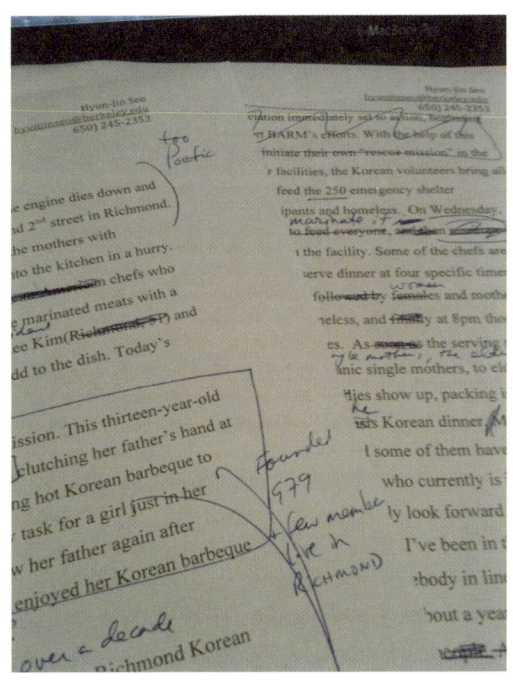

윌리엄 왕자는
스물셋!

여름학기가 시작되고 얼마 되지 않아 나에게 커다란 고민이 생겼다. 그건 바로 어림잡아 하루 네 시간은 족히 걸리는 등하교 시간. 아직 학교 근처에 혼자 살 스튜디오를 구하지 못한 나는 급한 대로 사촌오빠의 집에서 통학하기로 했고, 매일 아침 산 마테오 SAN MATEO에서 이스트 베이에 위치한 버클리까지 자동차로 한 시간이 넘는 거리를 대중교통으로 등하교하는 날들이 시작되었다. 처음엔 집에서 학교까지 거리가 얼마나 되는지, 교통수단은 어떤지 전혀 몰랐다. 서울 촌년이었던 나는 통학시간이라 해봤자 얼마나 걸리겠냐며 오빠 집에 얹혀살면 생활비 절약되어서 좋겠다는 깍쟁이 같은 심보로 말이 나오자마자 냉큼 "예스!"를 외쳤다. 그때 그 길이 고생문이 열리는 것이라는 사실을 미리 알았다면, 무슨 수를 써서라도 학교 근처에 방을 구했을 텐데……. 통학한 지 며칠 지나지 않아 등하교 때문에 눈물 콧물 짜게 될 거라고는 그땐 정말 상상도 못했다.

미국의 대중교통은 상상 이상으로 열악했다. 2~3분에 한 대씩 오는 에어컨 빵빵히 저상버스나 환승이 기가 막힌 지하철 등 서울의 판타스틱한 대중교통 시스템에 익숙해져 있던 나는 심하게는 한 시간을 기다려도 오지 않는 버스와 도대체 원래 시트 색깔이 뭐였을까 궁금할 정도로 여러 겹의 얼룩이 묻어 이제는 그냥 회색이 되어버린 퀴퀴한 냄새나는 바트^{BART, Bay Area Rapid Transportation} 의자에 도무지 적응할 수가 없었다. 게다가 미국에서 대중교통을 이용하는 사람 대부분은 극빈층이나 홈리스들, 아니면 나 같은 돈 없는 유학생들이었다. 심지어 재수가 없는 날에는 인종차별주의자 홈리스를 만나 날벼락을 맞기도 했다. 어느 날, 옆에 앉은 오물 냄새 진동하는 백인 홈리스 아저씨에게 아무 이유도 없이 "Go back to your *ucking country chinky!"라는 호통을 듣기도 했다. 그는 심지어 양손으로 눈을 잡아당겨 찢어진 눈 흉내를 내기도 했다. 여기서 칭키^{chinky}란 중국인을 가리키는 아주 모욕적인 욕이다. 굳이 번역하자면 찢어진 눈을 가진 아시아인 정도 될까. 그나저나 왜 미국인들은 아시아인들은 다 중국 사람인 줄 아는 걸까.

어느 여름 오후, 그날도 어김없이 수업이 끝나자마자 해지기 전에 서둘러 집으로 가기 위해 바트 역으로 종종걸음 치던 중이었다. 치안이 그다지 좋지 않은 버클리에 밤늦게까지 남아 있는 건 갓 유학 온 젊은 외국인 여자에게는 그다지 현명한 일이 아니었기 때문이다. 열차를 타고 나니 하루의 피곤이 몰려들었다. 오빠네 집은 종점이니 어림잡아 한 시간 반. 바트에서는 위험하니 잠을 자거나 컴퓨터 혹은 아이폰 등 고가의 물건을 꺼내지도 말라는 오빠의 충고를 무시한 채 나는 곧 잠에 빠져들고 말았다. 30분쯤 잤을까. 잠에서 깨보니 열차는 샌프란시스코로 진입해 파웰Powell 역을 지나고 있었다. 곧 지루해진 나는 최근에 새로 산 아이폰을 만지작거리던 중 문득 뒤에 앉은 사람의 숨소리가 귓가에 굉장히 가까이 들리는 것처럼 느껴졌다. 하지만 이내 유난히 예민한 내 청각 때문일 거라 생각하며 다시 휴대폰 화면을 바라보던 찰나, 갑자기 눈앞에서 불이 번쩍하는 게 아닌가.

바로 조금 전까지 손에 쥐고 있던 아이폰이 내 뒤에 앉아 있던 건장한 흑인 남자의 손아귀로 들어가 버린 것이다. 곧이어 빛의 속도로 때마침 열린 전동차 문을 향해 전력질주하기 시작한 그 남자. 호시탐탐 기회를 노리던 강도는 열차가 정차하기만을 기다렸다가 내 손목을 사정없이 비틀어 전화기를 빼앗아 달아난 것이다. 갑작스런 기습에 혼이 빠진 나는 목구멍으로 컥컥 소리만 낼 뿐 눈뜨고 당할 수 밖에 없었다. 주변 사람들 역시 너무 놀라 그냥 구경만 하던 중 때마침 문가에 서 있던 어느 청년, 달려오는 강도를 향해 자신의 자전거를 넘어뜨리는게 아닌가. 생각지도 못한 공격에 강도는 자전거에 걸려 나뒹굴었고, 이내 연락받고 달려온 경찰들에 의해 체포된 후 상황 종료. 바트 안에 있던 사람들은 모두 그 용감한 청년에게 박수와 격려를 보냈다. 하지만 여전히 패닉 상태에 빠져 있던 나는 아무 말도 하지 못한 채 눈물만 뚝뚝 흘릴 뿐이었다. 난생 처음 당하는 봉변이 무섭기도 했고, 몇 주 안 된 미국 생활이 나름 고달팠던지 서러운 마음에 눈물이 쉴 새 없이 두 뺨을 타고 흘러내렸다.

"괜찮아? 많이 놀랐지? 너 어디 사니? 내가 집까지 데려다줄게."

낯선 목소리에 올려다보니 아까 그 자전거 청년이었다. 짧은 영어로 더듬거리며 괜찮다고, 우리 집은 아주 멀다고, 신경 쓰지 말고 갈 길 가라고 했지만 그는 아랑곳하지 않고 털썩, 내 옆 빈자리에 앉았다. 이놈 역시 나쁜 놈 아닐까 하는 의심도 잠시, 경황이 없는 중에도 내 옆에 앉은 그의 얼굴을 흘끔 보니 완전 조각미남이아닌가. 조막만 한 얼굴에 어쩜 눈코입이 그렇게 꽉 들어찼을까 싶을 정도로 뚜렷한 이목구비, 잘 익은 복숭아 빛깔의 뺨과 찰랑거리는 금발머리는 내 상상 속 서양 미남에 꼭 들어맞는 모습이었다. 그런데 이 킹카, 얼굴만 잘생긴 게 아니다. 185센티미터는 족히 되는 쭉 뻗은 키에 검정 스키니와 체크 남방의 평범한 아이템으로도 자체 발광하는 날씬한 다리, 수영선수 마냥 우월한 어깨라인까지 갖추고 있으니, 이거 원, 겨우 한 달 남짓 버클리 생활 동안 본 중에 최고의 미남이었다. 그렇게 얼마를 더 갔을까. 좀 전의 소동으로부터 약간 진정이 된 나는 그에게 정말 괜찮으니 얼른 집에 가라고 다시 한 번 말했지만 이 꽃청년, 조각이마 위로 내려온 금발을 섬섬옥수로 툭툭 터프하게 넘기더니 이런 대사를 날렸다.

"이미 내릴 곳을 지나쳤는걸. 난 윌리엄이라고 해. 너 다큐멘터리 수업 듣지?"

허걱! 그럼 나와 함께 수업을 듣는 버클리 학생이란 말인가. 저런 미남이 있었으면 내가 진작 알아봤을 텐데 왜 지금까지 몰랐을까. 늘 자신 없는 토론 수업에 대한 부담감으로 수업 시간에 고개를 바닥으로 처박고 있느라 저런 미모를 알아볼 겨를이 없었다. 그나저나 어쩜 이렇게 말도 안 되는 드라마 같은 인연이 다 있을까. 그날 버클리에서 두 시간 거리의 우리 집까지 멋지게 에스코트를 해준뒤 석양 아래 자전거를 타고 사라지는 윌리엄의 뒷모습에 설레 나는 한동안 그 자리에 못 박힌 듯 서 있을 수밖에 없었다. 그렇게 그의 자전거는 내 가슴 속으로 들어왔다.

■ ■ ■

그날 이후 왕복 네 시간의 등하교는 더 이상 끔찍한 악몽이 아니었다. 두렵기만 했던 수업 시간도 한결 편해졌다. 내게는 윌리엄 왕자님이 있으니 말이다. 샌프란시스코에서 나고 자란 윌리엄은 스물두 살의 레토릭학과(Rhetoric) 3학년생이었다. 작년 한 해는 엘에이에서 모델 일을 하느라 잠시 휴학을 했다고 하니, 그의 꽃 미모는 이미 공인받은 것. 계속해서 모델 일을 하고 싶지만 그 전에 대학교는 졸업해야 할 것 같아 다시 버클리로 돌아왔다는 그는 화려한 엘에이 생활에 비해 너무나 단조롭고 느리게 가는 버클리 생활에 약간은 의기소침해져 있는 상태였다. 우리는 매일 하교는 물론이고 수업 시간 중에도 함께 앉아 노트 필기를 하고(정확히는 그의 노트 필기를 내가 베끼고) 퀴즈와 중간고사 예상 문제를 뽑아 서로 교환하며 함께 공부했다. 사실 나는 시간이 지난 지금도 잘 모르겠다. 나에 대한 그의 감정이 정확히 어떤 거였는지. 한국으로 치면 여덟 살이나 많은 누나를 여자로 보는 남자는 흔하지 않은 터라, 그의 호의가 단순히 학교에 적응하기 힘들어하는 외국인 누나에 대한 동정인지, 아니면 좋아하는 여자에게 보내는 신호인지 헷갈렸기 때문이다. 한국 남자의 경우라면 쉽게 속마음을 알아차릴 수 있겠지만, 백인 어른 남자는 이렇게 가까이 대하는 게 처음이라 도무지 그 속에 뭐가 들었는지 쉽게 읽을 수 없었다. 이런 속마음을 아는지 모르는지 윌리엄은 수업 시간에도, 하교할 때도 마치 그림자처럼 나의 완벽한 보디가드가 되어 주었다. 여름이 깊어갈수록 친구와 이성의 경계에서 아슬아슬한 줄타기를 하던 우리는 점점 더 급속도로 가까워졌다.

■ ■ ■

 여름 학기는 빠르게 흘러갔다. 때는 미국 독립기념일을 앞둔 어느 날 하굣길. 윌리엄은 독립기념일에 함께 불꽃놀이를 보러 가겠냐고 내게 물어왔다. 매년 독립기념일에 샌프란시스코 시에서는 시민들을 위해 거대한 불꽃놀이를 준비하는데, 밤하늘을 수놓는 수백 수천 발의 화려한 폭죽은 말 그대로 장관이다. 미국에서 맞는 독립기념일에 아직 마땅히 불꽃놀이를 함께 즐길 친구가 없는 나로서는 사촌오빠 가족에 얹혀 놀아야 하는 게 불 보듯 뻔했으니, 윌리엄의 제안이 싫을 이유가 없었다. 우리는 7월 4일 저녁, 베이브리지가 바라다보이는 샌프란시스코의 폴섬 가 근처의 어느 선착장에서 만나기로 하고 헤어졌다. 집에 돌아와 사촌오빠에게 얘기하자 "현진, 그건 데이트 신청이야. 너 알고 있었어?" 라고 말하는게 아닌가. 불꽃놀이 초대를 그다지 대수롭지 않게 여겼던 나는 갑자기 부담을 느꼈다. 아직 저널리즘 스쿨 학기는 제대로 시작도 안했는데 벌써부터 여덟 살 어린 꼬마에다 심지어 미국 남자와 연애는 전혀 계획에 없던 터라 당황스러웠다. 그리고 그날 저녁 이후, 갑자기 귀염둥이 윌리엄은 나의 크나큰 고민거리가 되고 말았다. 그 후로 며칠간 나는 수업 중에도 하굣길에도 계속 그를 피하기만 했고, 영문을 모르는 윌리엄은 계속 나와 얘기할 기회를 만들기 위해 애썼다. 그리고 더 이상 피할 수 없이 정면으로 맞닥

뜨린 그와 나. 어차피 이렇게 된 거 나는 아예 솔직해지기로 작정하고 그에게 물었다.

"베이비, 너 나 좋아해? 친구로 말고 여자로?"

"Of course. Why are u asking me? I thought we had the same feeling."

짙은 에메랄드 빛 눈동자를 깜빡이며 천진난만하게 대답하는 그를 보자 갑자기 번뜩, 현실로 돌아옴과 동시에 연하남과의 로맨스를 꿈꾸기엔 서른이 넘은 내 나이부터 언어 장벽, 대학원 공부에 방해가 될지도 모른다는 모범적인 생각, 이놈이야말로 진짜 선수가 아닐까 하는 의심까지, '윌리엄과 연애하면 안 되는' 수십 가지 이유가 머릿속에 그려졌다. 내 평생 다시는 못 만날 최상급 꽃돌이의 고백 앞에서 이렇게 생각이 많아질 줄이야. 한참을 뜸을 들이다 입을 열었다.

"여덟 살이나 어린 너와 잘될 자신이 없어. 우리 그냥 친구로 지내자."

아뿔싸! 내 입에서 이렇게 촌스러운 말이 튀어나올 줄이야. 윌리엄이 내게 당장 결혼을 하자고 한 것도 아니고 미래를 약속하자는 것도, 심지어 하룻밤 불장난을 하자는 것도 아닌, 그냥 불꽃놀이를 같이 보러 가자는 것뿐인데 "우리 그냥 친구로 지내자"라니! 요즘 한국 남자들에게도 먹히지 않는 '친구 드립'이 뼛속까지 보헤미안인 미국 남자 윌리엄에게 먹힐 리 없었다. "우리가 서로 같은 감정이라고 생각했는데 자기 혼자만의 착각이었던 것 같다"며 그 동안 귀찮게 해서 미안했다는 말을 남긴 채, 그는 쏘 쿨하게 내게서 등을 돌리고 성큼성큼 멀어져 갔다. 그 이후 늘 함께했던 하굣길도, 노트 필기나 퀴즈 공부도 모두 올 스톱된 건 말할 것도 없었다. 그렇게 나는 다시 외톨이가 되었고, 남은 계절학기 내내 다시 땅만 바라보고 걷게 되었다.

   윌리엄과 함께한 짧은 여름은 그렇게 꿈처럼 끝나버렸다. 답답한 버클리에 끝내 적응하지 못한 그는 결국 학교를 중퇴하고 엘에이로 돌아가버렸고, 그 이후로는 그 흔한 페이스북에서도 그의 흔적을 찾을 수 없었다. 요즘도 가끔 패션잡지 속에서 윌리엄을 닮은 멋진 미남 모델들을 보면 괜히 상상해 본다. 그와 잘됐더라면 지금쯤 나는 어떻게 됐을까. 우리는 해피엔딩을 맞을 수 있었을까. 여기까지 생각이 미치면, 결국 상상 속에서마저 남녀관계는 해피엔딩이어야 한다는 강박관념에서 자유롭지 못한 나의 촌스러움에 또 한 번 긴 한숨이 나온다. 윌리엄 왕자, 끝까지 쿨하지 못해 미안해!

무모하게! 치열하게!
홀로서기

석 달 동안의 여름학기가 끝나고 저널리즘 스쿨 개강을 앞둔 즈음, 나는 이미 신체적으로나 정신적으로 42.195킬로미터의 마라톤을 완주한 사람처럼 완전히 탈진한 상태였다. 의욕적으로 시작한 계절학기는 끝나는 날까지 엄청난 양의 퀴즈와 기말고사, 리포트로 내 피를 말렸고 다시 학생으로 돌아온 스트레스, 적응하기 힘든 낯선 외국 생활, 엄청나게 긴 통학 시간에다 친구 없는 설움까지 더해 나에게는 그 무엇보다 휴식이 절실했다. 하지만 이런 내 컨디션과는 상관없이 순식간에 코앞으로 다가온 개강일. 걱정 반 설렘 반으로 밤새 한잠도 못 잔 나는 빨갛게 충혈된 눈을 부비며 서둘러 학교로 향했다. 얼마 전

이사를 들어온 스튜디오는 저널리즘 스쿨과 1분 거리로. 집을 나와 큰 길만 건너면 바로 과 건물과 연결되는 개구멍이 나왔다. 여름학기 내내 엄청난 스트레스의 가장 큰 원인이었던 끔찍한 통학 거리에 질려 이번에는 아예 학교 바로 코앞에 집을 얻은 것이다. 개구멍을 통과하면 한눈에 봐도 엄청나게 오래된 듯한 건물 하나가 흉물스럽게 서 있다. 최첨단 시설과 전지식 도서관, 유명 카페가 통째로 건물 안에 들어와 있는 바로 옆의 공대 건물들과 언뜻 봐도 심하게 비교되는, 다 쓰러져 가는 초라한 건물이 바로 내가 앞으로 2년을 공부할 저널리즘 스쿨, 노스게이트 홀North Gate Hall이다. 나무로 지어진 100년도 더 된 건물 외관은 벌레가 먹어 시커멓게 썩어 들어가고 있었고, 조금만 걸어도 온 얼굴과 몸에 거미줄이 걸릴 정도로 온갖 벌레들이 득실거렸다. 건물 내부 역시 조금 무거운 사람이 걸으면 당장이라도 마루가 내려앉을 것처럼 삐걱대고 덜컹거려 심히 불안했다.

8월의 뜨거운 햇살 아래 건물의 뒤뜰에 쳐진 흰색 천막들 밑으로 50여 명의 신입생과 가족들, 재학생들이 이미 한가득 모여 있었다. 그들 중 상당수는 캘리포니아 토박이들이지만 꽤 많은 수가 뉴욕과 텍사스, 심지어 알래스카에서 저널리스트의 꿈을 안고 이곳 버클리로 모여들었다. 그들뿐일까. 가깝게는 멕시코에서부터 멀리는 자메이카, 가나, 그리고 중국 등지에서 온, 얼굴이 까맣거나 혹은 나처럼 노란 국제 학생도 다섯 명이 있었다. 그중 동양인은 나중에 단짝이 된 중국인 메이저와 나 이렇게 둘뿐. 글발, 말발 좋기로 소문난 사람들만 모이는 저널리즘 스쿨의 공부를 따라가려면 단순히 영어로 의사소통이 되는 수준을 훨씬 뛰어넘어야 하는데다 그 나라의 정치와 경제, 문화, 심지어 스포츠에까지 다방면에 걸쳐 관심과 지식이 있어야만 관련 기사를 쓰는 시늉이라도 할 수 있는 까닭에 저널리즘 스쿨에 외국인이 유난히 적은 것은 우연이 아닐 것이다. 나 역시 한국에서 쌓은 아나운서 경력이 아니면 원서를 낼 용기조차 내지 못했으리라는 걸 잘 알기에 더더욱 앞으로 수업을 따라갈 일이 걱정이었다. 주변을 둘러봐도 보이는 건 대부분 하얗거나 까만 얼굴들뿐. 아시아인들이 유난히 많기로 소문난 버클리 대학에서 이렇게 노란 피부를 찾기 힘든 과는 저널리즘 스쿨밖에 없을 것이다.

  얼추 신입생들과 재학생들이 다 모이고 뒤뜰에서 짧게 기념촬영을 한 우리는 건물 안 소강당으로 자리를 옮겨 자기소개 시간을 갖기로 했다. 낯선 사람들과의 첫만남에서 통과의례와 같은 이 시간이 내겐 늘 어색하기만하다. 전혀 모르는 수십 수백 명의 사람 앞에서 이름과 사는 곳, 취미와 특기, 앞으로 잘 지냈으면 좋겠다는 간지러운 멘트까지 이어나가다 보면 내가 지금 뭘 하고 있나 하는 생각마저 든다. 게다가 이번엔 영어로 해야 한다니 부담 백배다. 급한 김에 저쪽 테이블 위에 보이는 맥주와 와인을 손에 잡히는 대로 꿀꺽꿀꺽 마시고 나니 온 몸이 노곤해 지는 걸 느끼며 긴장이 풀린다. 어느새 다가온 내 차례. "Hi everyone. My name is Hyun Jin and I'm from South Korea······."로 시작하며 짧게 자기소개를 끝내고 나니 생각 외로 괜찮다. 알코올의 힘인지 증명할 수는 없지만 그 이후로도 저널리즘 스쿨 2년 동안 토론수업이나 교수님과의 일대 일 미팅을 앞두고 종종 맥주 한 병 정도를 미리 원 샷하곤 했으니 무사 졸업의 공을 내 사랑 Cooler Light에도 돌려야겠다.

자기소개의 한 고비를 넘기고 나니 발음하기 힘든 내 이름이 문제였다. 모두들 마치 약속이나 한 듯 내 이름을 '횬진' 또는 '흔진'으로 발음하는 걸 보며 그제야 나는 내 이름이 이 노랑머리 파란 눈 외국인들에게 발음하기 어렵다는 걸 깨달았다. 몇 번 가르쳐 줘도 그들에게 도저히 불가능한 'hyun' 발음. 게다가 내 성도 도대체 어떻게 불러야 할지를 몰라 끙끙대는 게 아닌가. 이래서 유학생들이 그렇게 느끼한 에이미 혹은 제니퍼 등등의 영어 이름을 갖고 있나 보다. 일련의 소동을 겪으며 잠시 영어 이름을 만들어 볼까도 생각했지만 나름의 오기와 민족적 자존심이 발동해 그냥 그들이 틀릴 때마다 계속 바로잡아 주기로 했다.

■ ■ ■

이른 아침부터 시작된 노스게이트 홀에서의 첫날은 점심식사 이후에도 건물 오리엔테이션, 개인 사물함과 뉴스 룸 비밀번호 발급, 간단한 컴퓨터 교육 등으로 꽉 채워 어둑어둑해질 무렵에야 끝이 났다. 이미 서로 친해진 동급생들은 삼삼오오 집으로, 근처 바로, 혹은 출출한 배를 채우기 위해 다운타운의 식당으로 떠나고 나는 다시 혼자가 되어 텅 빈 뒤뜰에 앉았다. 하루가 정신없이 지나고 나니 비로소 멈춰 있던 머리가 돌아가는 느낌이 들었다. 그리고 뒤이어 꼬리를 무는 생각들.

'내가 왜 5년이나 잘하고 있던 방송을 접고 이곳에 와있을까. 기를 쓰고 지구 반대편까지 날아와서 내가 얻고 배우고자 하는 건 뭘까. 그게 앞으로 내 방송에, 나아가 내 인생에 얼마나 도움이 될까······.'

서른이 훌쩍 넘은 나이에 큰 용기를 내서 떠나왔지만, 나는 여전히 불확실한 미래와 생각보다 더 만만치 않아 보이는 눈앞의 상황에 마음이 무거워졌다. 아무리 내 미래를 가늠해 보려 해도 지금은 한치 앞도 보이지 않는다. 모르긴 해도 앞으로 2년, 그 답을 찾을 때까지 계속 이렇게 찝찝하고 불확실한 날들이 계속될 것이다. 하지만 이 와중에도 분명히 자각할 수 있는 건 전혀 낯선 나라, 낯선 환경에서, 10여 년 전 스무 살 초반에 그랬던 것처럼 또다시 나를 증명해 보이려고 애쓰는 과정을 통해 그야말로 '무한도전'을 감당할 수 있어야 한다는 사실이다. 긴긴 여정이 끝나는 2년 후, 과연 나는 이 무한도전에서 살아남아 있을까. 내가 원하고 꿈꾸는 미래에 대한 똑 떨어지는 정답을 찾아낼까. 이런저런 기대와 걱정으로 불안한 마음에 나는 한동안 어둠이 깔린 노스게이트 홀을 떠나지 못했다.

■ ■ ■

2주간의 오리엔테이션 기간이 끝나자마자, 우리는 숨 돌릴 틈 없이 본격적인 취재 활동에 들어갔다. 한국에서 신방과 교육을 받은 적이 없는 나로서는 비교 대상이 없지만 한눈에 봐도 버클리 저널리즘 스쿨은 철저히 현장에서 써먹을 수 있는 지식들만을 가르쳤다. 그런 만큼 학교도 학생들도 서로를 철저히 프로로 대했고, 우선 필드에 나간 후부터 취재하는 내용에 대해서는 당사자가 모든 부분에서 철저히 책임을 져야 했다. '학생이라서' 혹은 '신입이라서'라는 핑계가 전혀 통하지 않고, 또 그런 핑계를 대려고 생각조차 하지 않는 동기들을 보면서, 나이는 나보다 어리지만 자신이 하고자 하는 일에 중심이 단단하게 잡힌 모습에 부러움과 함께 묘한 열등감도 느꼈다.

내가 속한 뉴스 커뮤니티 그룹은 리치먼드 컨피덴셜Richmond Confidential. 이름부터가 비밀스럽고 거창하다. 버클리에서 북쪽으로 약 10분 정도만 고속도로를 타고 달리면 나오는 히스패닉 밀집 지역인 리치먼드는 미국 전역을 통틀어 최근 몇 년간 살인율 1위, 미국 전역 초·중·고생들의 에스에이티SAT 점수 최하위라는 불명예를 두루 갖고 있는, '치안 무법지대'로 악명 높은 곳이었다. 그도 그럴 것이 한낮에 멀쩡히 걸어 다니다 갱들의 싸움에 휘말려 총에 맞아 비명횡사하는 경우가 리치먼드에서는 비일비재했다. 리치먼드로 취재를 떠나는 첫 날, 아침 일찍 학교 뉴스 룸에 모인 우리들에게 담당 에디터인 밥 칼로 교수님은 비장한 말투로 조언하셨다.

"여학생들, 리치먼드에 취재를 갈 때는 아무리 더워도 짧은 반바지나 민소매 옷같이 살이 많이 보이는 옷은 가급적 입지 않았으면 해요."

2010년의 미국에서, 그것도 전 세계 보헤미안과 히피들에게 꿈의 도시로 불리는 샌프란시스코에서 옷을 입을 때 살이 얼 만큼 보이는지를 고민 할 줄이야. 처음에 나는 교수님이 농담을 하는 줄로만 알았다. 그 후 처음 가 본 텅 빈 리치먼드 거리의 을씨년스러운 분위기에 곧 분위기 파악을 했지만 말이다.

별다른 준비도 없이 시작된 리치먼드 기자 생활 한 학기 내내 내가 문턱이 닳도록 들락거린 곳은 리치먼드 고등학교 바로 맞은편 큰 길 건너에 있는 이씨 아저씨네 햄버거 가게. 다른 가게들보다 스테이크 고기를 넉넉하게 쓰는 게 장사의 비결이라는 아저씨네 가게는 방과 후 주린 배를 채우기 위한 고등학생 손님들로 늘 가득했다. 취재거리를 찾기 위해 고군분투 중이던 어느 날, 어렵게 찾아낸 리치먼드 유일의 한국인 가게는 사막 한가운데에서 만난 오아시스 그 이상의 감동을 주었다. 미국 이민 40년, 이미 장성한 아들과 함께 햄버거 가게를 하는 아저씨는 나를 걱정하며 너무 위험해서 절대 가지 말아야 할

곳, 혹은 재밌는 이야깃거리가 있을 만한 동네의 구석구석에 대한 정보를 알려주시는 동시에, 미안하게도 늘 내 얼굴만 한 햄버거를 공짜로 주시곤 했다. 학생들은 늘 배가 고픈데 주머니에 돈은 없다고, 그래서 학생인 거라고 말씀하시면서 말이다.

여느 때와 다를 것 없는 어느 날 오후, 우연히 아저씨의 가게에서 만난 리치먼드 토박이 로페즈 아주머니는 내게 놀라운 이야기를 들려주었다. 인근 지역 대안학교 선생님으로 꽤 오래 일해온 아주머니는 리치먼드의 청소년 범죄 사망률이 심각하다고 목소리를 높이면서, 자신이 목격했던 가장 슬프고 끔찍한 이웃의 죽음에 대해 이야기했다. 그녀의 오랜 이웃이자 한때 담당 학생이기도 했던 열다섯 살 도밍게스의 죽음에 대해서.

"도밍게스는 태어날 때부터 봐왔어요. 얼마나 귀여운 아이였는데……. 자라면서 질이 나쁜 친구들과 잠시 어울리긴 했지만 그렇게 일찍 떠날 줄이야……."

아직도 2년 전 그날의 비극이 떠오르는지 말을 잇던 아주머니의 목소리가 미세하게 떨리고 있었다. 도밍게스는 나쁜 친구들과 잠시 어울리다 곧 일상으로 돌아왔지만 그들을 배신했다는 이유로 대낮에, 그것도 자신의 집에서 얼굴 정면에 총 일곱 발을 맞고 즉사했다. 때마침 집에 있던 아주머니는 너무나 가까이서 들리는 총소리에 '혹시나' 하고 불안한 마음에 가장 먼저 달려갔고, 처참하게 일그러져 형체조

차 알아보기 힘든 도밍게스의 얼굴을 가장 먼저 발견했다고 한다.

로페즈 아주머니는 말했다. 제2, 제3의 도밍게스가 지금 이 순간에도 리치먼드 어디선가 죽어가고 있을 거라고. 실제로 내가 한창 리치먼드 컨피덴셜 리포터로 취재를 하던 그 시기에만도 6개월에 15건이 넘는 살인사건이 일어났다. 원한에 의한 살인도 있었고 우발적인 싸움에 의한 살인도 있었다. 가장 무서웠던 것은 자동차를 타고 가면서 열린 창문으로 길 가는 아무나 쏴버리는 드라이브 바이 슈팅drive-by shooting이었다. 우리나라에서도 요즘 불특정 다수를 겨냥한 '묻지 마 범죄'가 사회 문제화되고 있는데, 리치먼드는 이미 이런 유사 범죄가 빈번하게 일어났던 것이다. 현장에서 범인을 잡으면 다행이지만 목격자가 없거나 갱들과 결탁해 꽁꽁 숨어버리는 때는 억울한 죽음에 범인조차 잡지 못하는 경우가 비일비재했다. 게다가 이런 강력 범죄를 취재하는 우리 학생 기자 역시 위험에 노출되기는 마찬가지였다. 취재 중 신변에 위협을 느끼는 경우도 종종 있었다. 나보다 한 학년 위였던 로버트 로저스는 2년째 리치먼드 컨피덴셜 범죄·사건 전문 기자로 활동 중이었고, 여러 번 특종까지 올린 유능한 선배였다. 하지만 좁디좁은 동네에서 이런저런 사건 사고를 캐고 다닌다는 소문이 나면서부터는 이유 없이 차 타이어에 펑크가 나 있거나 유리창이 깨져 있었고, 모르는 사람으로부터 협박당하는 경우까지 있었다. 이쯤 되니 목숨 걸고 취재한다는 게 허투루 들리지 않았다. 하지만 그는 졸업한 후에도 리치먼드를 떠나지 않고 계속 취재 활동을 이어가고 있다. 처음에는 멋모르고 발을 들인 리치먼드라는 도시가 이제는 그에게 운명이 된 것이다. 소득도 안 생기는 일에 왜 저렇게 자신의 모든 것을 걸고 열심히 하는지 도저히 이해할 수 없었다. 하지만 나 역시 로페즈 아주머니와의 인터뷰를 계기로 리치먼드 사람들의 기쁨과 슬픔을 가장 가까이서 지켜보고 보도하는 일이 그들의 삶을 얼마나 크게, 긍정적인 방향으로 바꾸는 지 피부로 느끼게 되었고 그제야 로버트를 이해할 수 있었다.

  학기가 끝나갈 즈음, 리치먼드의 텅 빈 거리가 더 이상 두렵고 을씨년스럽게만 느껴지지 않았다. 고요함을 가장한 긴장감 속에서 하루하루를 살아가는 그들에게서 나는 소리 없는 아우성을 들을 수 있었다. 우리를 좀 돌아봐 달라는, 할 얘기가 산더미처럼 많다는 리치먼드 사람들의 외침을 말이다. 한국에서 방송을 하면서 수백 번 앵무새처럼 자동 반복했지만 결코 와 닿지 않았던 '사람 냄새 나는 이야기' 혹은 '보통 사람들이 행복해지는 세상'을 만드는 데 힘을 보태겠다는 다짐이, 리치먼드 컨피덴셜 리포터로 활동한 6개월 남짓한 시간 만에 이제는 더 이상 공허한 메아리에 그치지 않을 것이라는 확신도 생겼다. 그렇게 나는 아나운서 생활 6년 만에 진짜 방송쟁이가 되어 가고 있었다.

서른이 훌쩍 넘은 나이에 큰 용기를 내서 떠나 왔지만,
나는 여전히 불확실한 미래와 생각보다
더 만만치 않아 뵈는 눈앞의 상황에 마음이 무거워졌다.
아무리 내 미래를 가늠해 보려 해도 지금은 한치 앞도 보이지 않았다.
하지만 이 와중에도 분명히 알겠는 건 전혀 낯선 나라,
낯선 환경에서, 10여 년 전 스무 살 초반에 그랬던 것처럼 또다시
나를 증명해 보이려고 애쓰는 과정을 통해
그야말로 '무한도전'을 감당할 수 있어야 한다는 사실이다.
긴긴 여정이 끝나는 2년 후, 과연 나는 이 무한도전에서 살아남아 있을까.
내가 원하고 꿈꾸는 미래에 대한 똑 떨어지는 정답을 찾아낼까.

지친 영혼을
위로하는 거리

어느 날 하굣길 바트 역에서 마주친 한 무리의 청년들. 몇몇은 요즘 한국 여자들 사이에서 유행하는 스모키 눈 화장으로 멋을 냈고, 다른 몇몇은 과도하게 꽉 끼는 인디언 핑크 혹은 형광 노랑 빛깔의 스키니 진에 요란한 몸짓으로 수다를 떨고 있었다. 색색깔의 매니큐어를 칠한 인조손톱과 서로에게 자연스레 낀 팔짱을 보면 아무리 둔한 사람도 그들이 동성애자라는 것을 알아차릴 수 있다. 가까이서 보니 이들은 모두 비슷한 패턴의 옷을 입고 있었다. 제일 앞장선 사람 둘은 무지개 빛깔로 곱게 수놓인 깃발을 자랑스럽게 휘날리며 걸어갔고, 주변의 다른 게이들도 같은 색깔의 티셔츠를 입거나 하다못해 무지개 색깔 머리띠라도 두르고 있었다. 알고 보니 이것은 무지개 깃발rainbow flag이라 불리며 평화의 상징, 그중에서도 게이의 권리를 수호하는 상징과도 같았다. 그들은 오늘 샌프란시스코에서 열리는 SF 게이 프라이드SF Gay Pride라 불리는 게이인권운동 퍼레이드에 참가하기 위해 가는 길이었다.

그러고 보면 샌프란시스코만큼 동성애자들이 많은 곳도 없는 것 같다. 우선 내 주변만 봐도 그렇다. 버클리 저널리즘 스쿨에 다니는 내 남자 동기들 중 웬만큼 깔끔하고 옷 잘 입는 남자들은 거의 다 게이로 밝혀져 주변 여성들의 마음을 아프게 했고. 주말에 유니언 스퀘어(외국인들에게 서울의 명동 같은 곳)에만 나가도 손깍지를 끼고 걸어 다니는 남남 혹은 여여 연인들의 모습을 쉽게 볼 수 있었다.

근육질의 금발 꽃미남 게이들이 위통을 벗고 거리를 활보하는 모습을 보고 싶다면 유명한 게이 거리인 카스트로 가면 된다. 이들을 보면서 영화 〈300〉의 스파르타쿠스 전사들을 떠올려 보지만 그들은 내게 그림의 떡일 뿐이다. 게이인 그들에게 나는 아무 감정이 느껴지지 않는 '여자사람'일 뿐 그 이상도 그 이하도 아니기 때문이다. 혹여 잘생긴 남자친구가 있다면 그와 함께는 절대 카스트로에 가면 안 된다. 거리의 예쁜 여자들뿐 아니라 모든 남자들까지 내 경쟁상대가 될 수 있기 때문이다. 어떤 절세미녀도 투명인간 취급당하는 그곳, 게이들의 천국이 바로 샌프란시스코 카스트로 거리다.

■ ■ ■

미국에 오기 직전 홍대 앞 예술극장에서 본 영화 한 편이 있다. 구스 반 산트 감독, 숀 펜 주연의 영화 〈밀크Milk〉. 게이였던 구스 반 산트 감독은 하비 밀크라는 미국 첫 게이 정치인의 드라마 같은 삶을 영화로 만들었고, 연기 괴물 숀 펜은 영화에서 하비 밀크 역할을 맡아 인간 복제 수준의 연기를 보여줬다. 사실 누군가의 전기 영화인 줄 알았다면 그 영화를 보지 않았을 것이다. 전기 영화는 지루한 데다 메시지도 뻔할 거라는 편견이 있었기 때문이다. 단지 영화 포스터 속 숀 펜의 천진난만한 미소에 끌려 표를 끊었지만 영화는 생각보다 훨씬 깊은 울림을 주었다.

"언젠가 내가 암살될 때를 대비해서 이 테이프를 남깁니다……."

영화는 자신의 집 부엌 의자에 앉아 유언을 녹음하는 하비 밀크의 독백에서 출발한다. 1970년대, 아직은 보수적인 미국 사회에서 성적 소수자임을 공개적으로 밝히고 최초의 게이 시의원이 된 하비는 자신의 성적 소수자 인권운동이 언제든 반대파의 목표가 될 수 있음을 인지하고 미리 죽음에 대비했던 것이다.

마흔 살이 되던 해, 지하철역에서 우연히 만난 어린 남자친구와 샌프란시스코로 떠나온 하비는 카스트로 거리의 한 귀퉁이에 '카스트로 카메라'라는 조그만 가게를 연다. 뉴욕에서 증권맨으로 생활하던 그는 동성애자에 대한 보수적인 시선에 염증을 느껴 자유로운 서부로 왔지만 당시 히피들을 중심으로 반전운동과 사회 변화를 이끌어내던, 미국에서도 가장 진보적이라는 샌프란시스코조차 성적 소수자들에게는 굳게 닫혀 있었다.

하비와 그의 남친 역시 주변으로부터 전염병 환자 취급을 받으며 차별과 박해를 받았고, 심지어 지역 상이조합에서는 그들이 게이라는 이유만으로 가입을 거부하기도 했다. 하지만 마냥 긍정적인 성격의 하비는 바로 그곳에서 자신이 현실을 바꿔보자고 다짐한다.

그 후 하비는 카스트로 지역 게이들의 구심점이 되었고, 알음알음 소문을 들은 전국의 게이들이 카스트로로 몰려들었다. 얼마 안 가 하비의 조그만 카메라 가게는 게이뿐 아니라 당시의 행동주의자들과 갈 곳 없는 젊은이들의 새로운 집이 되었고, 카스트로 거리는 게이들의 제 2의 고향이 되었다.

그러던 어느 날, 죄 없는 한 게이 청년이 살해당하고 이를 대수롭지 않게 여기는 경찰들과의 집단 충돌에서 엄청나게 깨진 하비는 처음으로 게이 커뮤니티를 대변하는 자신들의 지도자가 있었으면 좋겠다는 생각을 하게 된다. 흑인들이 자신의 권리를 찾기 위해 흑인 정치인 대표를 만드는 데 힘을 모으고, 중국인들이 자신들의 목소리를 키우기 위해 차이나타운에 집결하듯이 한 도시에 한 구역쯤은 게이 커뮤니티가 있어야 된다고 생각했던 것이다. 그 후 하비는 시의원에 출마하고 세 번의 낙선 끝에 1977년 결국 게이 최초 시의원이 된다.

하비 밀크의 유명한 선거 공약은 'Gay Rights Now!'. 그는 소수의 인권을 지켜주는 것이 민주주의의 기본 정신이며, 그러기 위해서는 소수가 단결해서 한목소리를 내야 한다는 것을 끊임없이 강조하면서 행동으로 정치를 실천하려 노력한다. 그 일환으로 당시 정치적 논쟁의 한가운데 있던 게이 차별 법안 통과를 막고 성적 소수자 인권 법안을 통과시키기 위해 동분서주했다. 당시 하비와 대척점에 있던 극 보수 종교단체들과 토론에서의 유명한 일화가 있다. 게이 선생들에게서 배우는 아이들은 게이가 될 것이라 주장하며 공립학교에서 게이 선생님들을 추방하려는 사람들에게 밀크는 "그렇다면 이성애자 선생님에게서 교육받은 나는 왜 게이가 되었죠?"라고 되물었던 것이다.

하비 밀크의 이러한 도전들이 모여 마침내 미국 전역으로 성적 소수자 인권문제에 대한 관심이 퍼져 나갔다. 결국 그의 목소리는 게이들만의 인권이 아닌 이 세상 모든 소수자들의 목소리를 대변했다는 점에서 Gay Rights Now보다는 Human Rights Now가 더 어울리겠다.

하지만 기쁨도 잠시, 시의원이 된 이듬해인 1978년, 불가능해 보이던 성적 소수자 인권 법안을 통과시키는 데 커다란 역할을 한 하비 밀크는 자신의 집무실에서 동료 시의원이자 늘 자신과 반목해 왔던 공화당의 댄 화이트가 쏜 총에 암살당한다. 당시 현장에 하비와 함께 있던 샌프란시스코 시장 조지 모스코니 역시 피살당했다. 극 보수 가톨

릭 신자였던 댄 화이트는 사사건건 하비와 부딪쳤고, 게이들을 증오했으며, 이것이 그에게 끔찍한 범죄를 저지르게 만들었다. 하지만 댄 화이트는 공화당의 로비에 힘입어 겨우 5년 형과 보호관찰을 언도받는 데 그쳤다. 결국 사회의 거대한 헤게모니에 반기를 든 하비 밀크는 기득권자들의 희생양이 되고 만 셈이었다.

하지만 그의 죽음은 전혀 기대치 않은 결과를 가져왔다. 찻잔 속의 태풍이라는 말조차 사치일 정도로 그 시작이 미미했던 하비 밀크의 도전은 오히려 그가 죽은 후에 더 거세어진 것이다. 그의 죽음 직후 들불처럼 번졌던 게이 인권 운동은 여전히 유효하고, SF 게이 프라이드라는 이름의 거리 행진도 이어져 내려오고 있다. 또 그의 인생이 녹아 있는 카스트로 거리 역시 전 세계 게이들의 랜드마크 역할을 다하고 있다. 심지어 지난 2011년 5월 22일에는 제1회 '하비의 날'까지 열렸다고 한다. 하비 밀크의 생일날, 그의 꿈이 담긴 카스트로의 조그만 카메라 가게 앞에 상처받고, 또 사랑받고 싶어 하는 영혼들이 하나 둘 모여 거대한 물결을 이뤘다.

"I know that you can not live on hope alone, but without it, life is not worth living. And you, you, you, gotta give em hope(나는 희망만으로 살아갈 수 없다는 것을 압니다. 하지만 희망 없이는 살아갈 가치가 없지요. 당신, 그리고 당신, 사람들에게 희망을 전합시다)."

유학을 떠나오기 직전, 하비 밀크의 생애를 다룬 영화를 본 건 순전히 우연이었다. 하지만 그 후 고달픈 유학 생활 중 이런저런 일로 지칠 때면 가끔 에너지가 완전히 방전된 상태로 카스트로를 찾아 지친 영혼을 위로받았다. 아무것도 하지 않은 채 그냥 멍하니 단골 커피숍 테라스에 앉아 지나가는 사람들만 몇 시간째 바라보다가 어둠이 내려앉을 때면 카스트로를 빠져나오곤 한 것이다.

그것만으로 충분했다. 굳이 설명하지 않아도 하비 밀크의 오래된 카메라 가게가 있는 그 거리는 그 어디에서도 쉴 공간을 발견하지 못한 아웃사이더와 루저들의 지친 영혼의 쉼터였기 때문이다. 약자로서 자신들을 둘러싼 편견에 맞서 목소리를 높이고 끝까지 싸웠던 하비 밀크의 도시 샌프란시스코가 왜 그토록 오랜 시간 동안 많은 사람들의 가슴속 한켠에 동경의 도시로 자리 잡았는지 어렴풋이 알 것 같았다. 이 멋진 도시의 진짜 민낯을 보고 싶다면, 무지개 깃발이 펄럭이는 카스트로 거리로 가보기를.

잘 지내나요, 청춘

　버클리에서의 두 번째 학기는 쏜살같이 지나갔다. 며칠간 밤을 새고 겨우 완성한 마지막 과제 제출을 끝으로 석 달 간의 긴 여름방학이 시작되었다.
　하지만 여유를 부리는 것도 잠시, 내 앞에는 한 달 간의 다큐멘터리 제작 현장 수업이 기다리고 있었다. 미국 저널리즘 스쿨에서 한국 관련 수업을 듣게 된 건 말 그대로 굉장한 행운이었다. 몇 년째 계속되고 있는 '아시아 프로젝트'의 목적지가 한국으로 정해진 해 때마침 내가 입학을 한 것이다. 이미 중국과 일본을 다녀온 담당 교수님은 한국을 목적지로 정했고, 소식을 들은 나는 그 수업을 듣기로 했다. 마음

한편에서는 이 수업이 나에게 쉬어 가는 코스가 될 것이고, 다른 수업에 비해 거저 학점을 딸 수 있는 소중한 기회라는 계산이 서기도 했다. 한 달여의 취재 기간 동안 한국인의 생활과 문화를 엿볼 수 있는 5분가량의 미니 다큐멘터리를 제작하는 게 우리에게 주어진 과제의 전부였고, 한국말과 일본말의 차이조차 구분하지 못하는 미국 아이들과의 경쟁에서 가장 우위에 있는 게 누군지는 세 살 어린아이가 봐도 너무나 분명했기 때문이다. 물론 취재 대상 선정부터 인터뷰, 촬영, 편집, 음향, 자막 등 모든 것을 혼자 해야 했지만, 그건 지난 1년 간 내가 미국 아이들과 함께 수업을 들으면서 그들을 따라잡기 위해 쏟아 부은 노력에 비하면 애교 수준이었다. 그렇게 내 멋대로 모든 게 다 잘 될 거라고 속단한 채, 나는 1년 만의 귀국에 설렘만을 가득 안고 서울행 비행기에 올랐다.

■ ■ ■

5월의 서울은 이미 때 이른 더위가 찾아와 있었다. 모두 열 명 남짓의 우리 일행은 인사동의 한 외국인 전용 호텔에 짐을 풀자마자 매일 아침 식사자리에서의 미팅 외에는 하루 종일 뿔뿔이 흩어져 서울의 거리를 쏘다니기 시작했다.

한쪽 어깨에는 거의 덩치와 맞먹는 카메라 가방을, 다른 한쪽 어깨에는 내 키의 반이 되는 삼각대를 짊어지고 초여름의 습기가 아스팔트 위로 맹렬하게 피어오르는 종로 바닥을 터덜터덜 걷고 있자니, 바로 몇 주 전까지만 해도 아등바등 걱정 속에 수업을 들었던 미국에서의 생활이 아련하게만 느껴졌다. 동시에 길에서 마주치는 익숙한 생김새의 사람들 하나하나가, 내가 수백 번은 족히 지나쳤을 광화문 거리가 지금까지 알던 모습들과 다르게 보이기 시작했다. 어쩌면 지금 잠시 찾은 서울은 그동안 내가 알던 모습이 아닌 새로운 얼굴을 보여 주고 싶어 하는지도 모른다는 생각이 들었다.

서울에 오기 전부터 이미 다큐멘터리의 주제를 정해 놓은 나는 곧장 1호선을 타고 노량진으로 향했다. 노량진역에서 내리자마자 길게 뻗어 있는 육교 건너편 아래 거리에는 노량진의 명물 컵밥 노점상들이 다닥다닥 맞붙어 있었고, 포장마차 안에서는 근처 고시원 학생들로 보이는 몇몇이 삼선 슬리퍼에 트레이닝복 반바지 차림으로 바쁘게 컵밥을 떠 넣고 있었다. 그들의 등 뒤에 솟은 '일등 고시원'이라는 건물 간판이 모든 걸 말해 주는 이곳. 2011년 여름, 나는 대한민국에서 가장 절박한 청춘들이 모여 있는 노량진 고시촌 이야기를 하려 한다.

■ ■ ■

창진이를 만난 건 순전히 행운이었다. 이미 일주일가량 노량진 바닥을 쓸고 다녔지만 마땅한 취재원을 찾을 수 없어 슬슬 조급해지려던 무렵, 그 날도 나는 '오늘은 무슨 일이 있어도'라는 굳은 결심으로 무작정 어느 경찰학원 건물의 로비에 있는 소파에 걸터앉아 한 시간째 버티기를 하고 있었다. 얼마를 기다렸을까. 수업이 끝나고 교실에서 쏟아져 나오는 학생들을 보자마자 나는 아무나 붙잡고 말을 걸었다. 미국에서 쓰던 영어로 된 명함부터 한 장 꺼내 들고 멋지게 자기소개를 한 뒤, 내 옆에 놓여 있던 카메라를 호기심 어린 눈으로 쳐다보는 학생들에게 친절하게 이런저런 설명을 해주는 척하다 곧바로 본론으로 들어갔다.

처음에는 프로젝트에 관심을 보이던 학생들도 본인의 이야기를 다큐멘터리로 만들겠다는 말에 이내 마음의 문을 확 닫았다. 이미 예상했던 일이었다. 인생에서 가장 힘든 시기를 보내고 있는 그들에게 "너희의 초라한 젊음을 기록으로 남기고 싶지 않니? 잘 되면 전 세계인들이 볼 거야."라는데 누가 응하겠는가. 끝 모르는 바닥을 향해 곤두박질치는 초라한 젊음을 들키고 싶어 하는 사람은 없을 테니 말이다. 말이 나왔으니 말이지, 만약 내가 그들 입장이었다면 이런 인터뷰조차 응하지 않았을 것이다.

결국 한나절의 시도 이후 아무 소득도 얻지 못한 채 '다큐의 주제를 바꿔야 하나' 구시렁거리며 짐을 챙겨 나가려는데 학원 구석에서 한 청년이 쭈뼛거리며 다가왔다. 피부가 '희다'는 표현보다는 '밀랍 같다'는 표현이 더 잘 어울릴 만큼 창백한 얼굴에 뿔테 안경을 쓰고, 성냥개비처럼 마른 몸이 보호본능을 자극했다. 그는 자신의 친구를 통해 다큐멘터리에 대해 들었다며, 원한다면 자신의 일상을 촬영해도 괜찮다고 했다. 자신을 통해서 우리나라 젊은이들의 구직난이 얼마나 심각한지 조금이라도 알릴 수 있다면 모두에게 도움이 되는 것 아니냐는 제법 어른스러운 생각을 보태면서 말이다. 그런 다음 곧 쑥스러운 듯 배시시 웃으며 한마디 덧붙였다.

"근데 제 생활이 엄청 단조로워서 별로 재미없으실 텐데 괜찮으시겠어요?"

우리의 짧은 일주일은 이렇게 시작됐다.

■ ■ ■

창진이의 꿈은 경찰이 되는 것이다. 고등학교 졸업 이후 바로 전투경찰로 입대한 뒤, 의외로 적성에 맞는 군 생활에 제대 후 곧바로 노량진 생활을 시작했다. 친한 친구들은 대부분 대학에 진학해 엠티에다 미팅에 대학생활의 낭만을 누리느라 바쁜 반면, 창진이는 한 달에 10만 원짜리(노량진에서 이렇게 싼 방은 없다고 강조하며) 고시원 지하방에 살면서 시험 준비를 하고 있다. 연로하신 부모님께 손을 내밀 수도 없는 처지여서 하루 세끼 밥은 늘 가는 1,500원짜리 식당에서, 스트레스는 가끔 함께 공부하는 친구들과 근처 학교 운동장에서 공을 차며 해결한다. 때로 공부에 지쳐 일찍 방으로 돌아가 쉬려고 해도 기본 방음조차 안 되는 한 평 고시원에 몸을 접고 누워 있자니 없던 병도 생길

것 같다며 대부분의 자유시간을 학원 자습실에서 보낸다.

실제로 창진이의 방을 촬영하기 위해 따라간 고시촌은 도무지 어떻게 해도 각이 나오지 않을 정도로 좁았다. 게다가 방 한가운데 거대한 기둥까지 떡하니 버티고 있어 책상에서 침대로 가려면 엉거주춤 엉덩이를 뺀 채 몸을 구겨 그 기둥을 비껴 넘어야만 했다. 더구나 방 천장 벽에는 도무지 납득이 되지 않는, 성인 한 사람은 충분히 통과할 만한 커다란 구멍이 흉물스럽게 나 있어 옆방은 물론 얇은 판자로 만들어진 고시촌 건물 전체의 소음이 이 구멍으로 다 전달되고도 남을 듯했다. 처음에 10만 원짜리 방이라고 했을 때 설마 했다가 그 방을 보자마자 '흠……, 그럴 수도?'라고 고개를 끄덕였다면 그 방의 상태가 설명이 될까.

그 좁은 공간 안에서 소리 높여 말하면 옆방에서 컴플레인이 들어온다며 창진이는 시종일관 속삭이며 인터뷰에 응했다. 나 역시 촬영해 보겠다고 카메라의 볼륨을 한껏 높인 통에 잡음이 들어갈까 봐 숨도 크게 못 쉬었다. 창진이는 배경도 없고 소위 말하는 좋은 스펙도 없는 자신에게 경찰 공무원은 철밥통 직장인 데다 안정된 생활을 할 수 있는 몇 안 되는 기회라고 했다. 그의 말을 수첩에 받아 적던 나는 아직 어린 나이인데도 놀랍도록 현실적이고 어른스러운 그가 안쓰러웠다. 아무 대책 없이 정신없는 스무 살을 보낸 나도 나름 인간 구실하며 밥 벌어먹고 사는데, 요즘 애들은 사는 게 왜 이렇게 힘든가 싶어 죄책감마저 들었다.

창진이와 함께한 일주일 동안 내 머릿속에는 벌써 20년은 족히 된 드라마 한편이 계속 맴돌았다. 옥수동 즈음으로 추정되는 서울의 달동네에 사는 소시민들의 삶을 그린 드라마, 〈서울의 달〉.

주인공인 춘섭(최민식)과 홍식(한석규), 그리고 영숙(채시라)은 서울의 어느 구석 달동네 이웃 주민들이다. 농고를 졸업하고 시골에서 상경한 순진한 노총각 춘섭, 중학교 중퇴가 학력의 전부인 제비 홍식, 결혼을 통해 신분상승을 꿈꾸는 노처녀 경리사원 영숙까지, 그들이 한 동네에 엉켜 살며 일어나는 이야기가 드라마의 커다란 축이었다. 당시 비슷한 시기에 방송된 〈별은 내 가슴에〉나 〈사랑을 그대 품 안에〉 등의 화려한 신데렐라 이야기와는 달리 출연자들이 변변한 분장조차 제대로 하지 않고 연기했던 그 모습이 시간이 흐른 지금도 생생하게 기억이 난다. 드라마 속 반쪽짜리 인생들의 모습이 실제 우리와 너무나 닮아 보여 때로는 그들을 응원하며, 때로는 위로하고 위로를 받으며 시청자들은 그렇게 드라마에 녹아들어간 게 아닌가 싶다.

나는 창진에게서 드라마 속 춘섭과 홍식이를 보았다. 살벌한 서울 바닥에서 한번 발붙이고 살겠다고 아등바등 노력하는 그 모습이 서로 닮아 있었고, 그러면서 늘 깨지고 상처받는 모습도 겹쳐 보였다. 무엇보다 서울의 대표 달동네이면서 바로 동네 앞에 펼쳐진 한강 건너 대한민국 대표 부촌인 압구정동을 마주보며 끊임없이 자신들의 처지를 자각해야 했던 옥수동의 청춘들과, 1년째 10만 원짜리 방에 살며 지척에 있는 대한민국 직장인들의 심장인 여의도와 63빌딩을 바라보며 한숨지어야 하는 노량진 고시촌의 청춘들이 너무나 닮아 있었다.

■ ■ ■

일주일간의 촬영이 끝나는 날, 마지막 인터뷰를 하기 위해 우리는 창진이의 아지트, 학원 옥상으로 올라갔다. 이미 어두워진 밤하늘 뒤로 63빌딩의 불빛들이 오늘따라 유난히도 번쩍였다. 나는 옥상 담벼락에 붙어 담배 한 개비를 꺼내 물고 깊게 빨아들이는 창진이의 뒷모습을 서둘러 화면에 담았다. 곧 이어지는 옥상 인터뷰.

"시험에 떨어지면 모르겠어요. 그 뒤는 생각 안 해요. 저는 20대 전체를 여기 바쳤으니까, 이게 안 되면…… 제 20대는 없는 거잖아요. 같이 공부하는 다른 친구들은 대학 졸업장이라도 있으니 저보다는 낫겠죠. 저는 이게 안 되면 다른 선택이 없어요. 저는…… 여기 올 인해야죠."

창진이와의 짧은 만남은 이렇게 끝났다. 그리고 나는 그와 함께했던 일주일간의 이야기에 〈Tough 20S〉라는 제목을 붙였다. 가만히 견뎌내는 것만도 너무나 힘든 2011년 여름, 노량진의 청춘들이 하루라도 빨리 걱정 없이 웃을 수 있는 날이 오기를 바라면서 말이다. 창진이와의 일주일은 나의 내면에도 많은 변화를 주었다. 내 주변 사람들의 극히 일부분의 삶을 통해 보는 세상이 전부일 거라고 성급하게 믿어왔던 내가 얼마나 어리석었는지도 깨달았다. 그렇게 나는 서른이 훌쩍 넘어 '나의 서울'이 아닌 '대한민국 수도 서울'의 민낯과 처음으로 마주했다.

■ ■ ■

다시 한국에 돌아온 지금도 출퇴근길에 노량진을 지날 때면 유난히 뜨거웠던 지난여름이 생각난다. 그리고 곧이어 떠오르는 그날 밤, 옥상에서 인터뷰를 위한 카메라 세팅이 되기를 기다리던 창진이는 저 멀리 63빌딩 쪽으로 난 난간에 기대어 담배를 피고 있었다. 어둠 건너편 유난히도 환하게 불 켜진 빌딩의 수많은 창들을 바라보며 그 아이는 무슨 생각을 했을까? 창진이는 아직도 그곳에 남아 그 불빛을 바라보고 있을까? 아직도 꿈꾸고 있을까? 2013년의 대한민국에서 유난히도 힘든 청춘을 살아내고 있는 수많은 창진이들의 건투를 빌어본다.

떠나고 나니
보이는 것들

마흔 살이 되려 하고 있었다는 것, 그것이 나를 긴 여행으로 몰아낸 이유 중의 하나였다.

_ 무라카미 하루키의 『먼 북소리』 중에서

　스무 살의 어느 여름, 단지 내가 아는 곳 중 냉방이 가장 뛰어난 데다 내 기다란 몸을 오롯이 뉘어 낮잠을 잘 수 있는 빨간 벨벳 소파들이 있다는 이유만으로 선택했던 학교 중앙도서관. 그날 나는 무심결에 대출도서 수거함 책 더미 사이로 아무렇게나 꽂혀 있던 책 한 권을 집어 들었고 반나절 만에 뚝딱 다 읽어버렸다. 그렇게 예고 없이 하루키의 『먼 북소리』는 나의 가슴속으로 파고들었다.

알 수 없는 미래에 대한 궁금증과 기대로 늘 두 발이 공중에 떠 있는 기분이던 스무 살의 나는 어떻게 하면 친구들과 뭉쳐 하루하루를 더 짜릿하게 보낼 수 있을까 만을 고민하기 바빴고, 그런 철부지가 혼자 떠나는 여행의 여유로움, 여행을 통해 얻는 소소한 기쁨이나 인생의 가르침에 대해서는 알 턱이 없었다. 그런 내가 처음으로 혼자 떠나는 여행에 대한 동경을 가지게 된 건 순전히 천부적인 이야기꾼 하루키의 기행문 덕분이었다. 그는 떠날 무렵을 회상하며 자신의 책 속에서 이렇게 말했다.

"나이를 먹는 건 내 책임이 아니라 어쩔 수 없지만 어느 한 시기에 달성해야 할 무엇인가를 놓친 채 세월을 헛되이 보내는 건 내 책임이요, 그건 어쩔 수 없는 일이 아니다."

자칫 삶을 그냥 흘려보내며 나태해질 법도 한 자신을 전혀 낯선 상황에 내던짐으로써 다잡았던 걸까? 실제로 유럽에서 머문 3년여 동안 하루키는 『상실의 시대』, 『댄스 댄스』 같은 자신의 대표작을 쓰며 작가로 한 단계 성장했다. 책을 읽은 후, 나 역시 인생이 내 의지와 상관없이 흘러가는 것처럼 느껴질 때 서른일곱 살의 하루키처럼 혼자서 여행을 떠나겠다고 결심했다. 왠지 하루키처럼 그렇게 용기 내어 떠나는 것만으로도 내가 가진 문제의 반 이상은 해결될 것 같은 기분이 들었다.

그 후 대학을 졸업하고 방송국에 취직을 하고, 주변에 뒤처지지 않기 위해 버둥대다 보니 당시의 다짐은 무색하게 국내 여행 한번 제대로 못하고 10년이 훌쩍 흘렀다. 남들 놀때 일하면서 남들보다 앞서나가고 있다고 애써 자위하는 걸로 족한 지난 날들을 돌이켜 보니 정작 떠나지 못했던 건 누가 붙잡아서가 아닌, 혹시 여유부리다 도태되어 버릴지 모른다는 나 자신이 만든 불안감 때문이었다.

그 와중에 스트레스뿐인 직장인의 삶을 뒤로 하고 2년간 다시 학생이 된다는 건 생각보다 훨씬 더 신나는 일이었다. 직장인들이 1년 동안 낼 수 있는 휴가는 겨우 1~2주 남짓. 하지만 학생에게는 그 몇 배에 달하는 방학이 있었고, 미국의 대학에서 처음 맞는 여름방학을 이용해 나는 스무 살 시절 나 자신에게 했던 약속을 떠올리며 어디론가 훌쩍 떠나기로 마음먹었다. 마음 같아서는 마추픽추나 앙코르와트 정도쯤은 다녀오고 싶었지만 얄팍한 주머니 사정에다 여름방학 인턴 스케줄까지 고려하다 보니 결국 내가 있는 샌프란시스코에서 가능한 가까운 곳, 시애틀로 목적지를 정했다.

그동안 내 머릿속 시애틀의 이미지는 고등학교 시절 봤던 로맨틱 코미디 영화 〈시애틀의 잠 못 이루는 밤〉을 통해 만들어진 게 전부였지만, 최근 우연히 보게 된 영화 〈만추〉 속 안개 낀 잿빛 하늘과 을씨년스러운 부두의 분위기는 이 도시의 또 다른 매력을 담고 있었다. 여 주인공 탕웨이의 불안하게 흔들리는 눈빛과 두 주인공들의 끝이 보이는 사랑 이야기가 끝날 즈음 시애틀로 떠나자 마음먹은 건 어찌 보면 당연한 것인지도 몰랐다. 비록 슬픈 사연은 없지만 왠지 나도 그녀처럼 트렌치코트 자락을 휘날리며 시애틀 곳곳을 쓸쓸히 거닐고 싶었다.

목적지를 정한 후, 곧바로 한 장짜리 비행기 표를 알아보고 싸구려 호스텔 4인용 침대의 한 자리를 예약했다. 샌프란시스코에 비하면 손바닥 만 한 크기의 시애틀에서 관광은 튼튼한 두 다리와 대중교통의 힘을 빌리기로 하고 지도를 한 장 덜렁 뽑아 가고 싶은 곳을 형광펜으로 동그라미 쳤다. 짐은 가벼울수록 좋겠다 싶어 꼭 필요한 속옷가지와 비상약 등만 대충 챙기고 보니, 달랑 분홍색 배낭 하나로도 충분했다. 한나절 만에 초스피드 여행 준비를 마치고 이제는 떠날 일만 남았다. 떠나는 게 이렇게 간단할 줄이야!

■ ■ ■

아침 첫 비행기로 도착한 여름의 시애틀은 비와 안개의 도시라는 명성이 무색할 정도로 구름 한 점 없는 말간 얼굴로 나를 기다리고 있었다. 내심 추적추적 비 내리는 시애틀을 기대한 나로서는 실망스럽긴 했지만 1년 중 며칠 안 되는 햇살 좋은 날을 만끽하기 위해 비키니 차림으로, 혹은 상의를 탈의한 채 거리를 활보하는 시애틀 사람들을 보며 이내 마음을 고쳐먹었다. 공항을 벗어나 무작정 모노레일에 오른다. 시애틀의 랜드마크 파이크 플레이스 마켓에 도착하니 벌써 점심시간, 가판대에 놓인 싱싱한 해산물들을 보니 슬슬 배꼽시계가 요동을 쳤다. 점심으로 크랩 칵테일과 해초 샐러드를 사들고 햇살이 따뜻하게 데워놓은 시장 앞 나무의자에 앉아 게 눈 감추듯 점심을 해치웠다. 배낭 속에서 꺼낸 여행 수첩에는 '베인브리지 아일랜드 행 여객선, 오후 2시'라고 적혀 있었다. 서른에 하는 난생 처음 나 홀로 하는 여행치고는 아직까진 꽤 괜찮았다.

  어릴 때는 어디든 여행을 가면 늘 신나고 짜릿한 것들을 기대했다. 화려한 네온사인과 멋진 차림으로 거리를 활보하는 사람들, 가게마다 쇼윈도에 진열된 멋진 명품들과 진기한 물건들. 그래서였는지 20대 초반의 나는 뉴욕이나 도쿄, 아니면 그에 맞먹는 바쁘고 정신없는 도시만을 택했다. 하지만 이제 간이기차역에서의 기다림에서, 조용한 어느 도시 주택가 골목의 느긋한 산책에서 그 지역 사람들의 소소한 일상을 엿보고, 별 기대 없이 들어간 싸구려 커피 집의 뜻밖에 맛 좋은 카페라테 한잔에 기뻐할 줄도 알게 됐다. 지금 아니면 내가 평생에 다시 올 것 같지 않은 지구의 어느 한 지점에서 그 동네 사람들이 수백, 수천 년 해오던 일상들을 함께하는 건 정말 간단한 일 같으면서도 어려운 일이기에 더 소중하고 멋졌다.

  베인브리지로 향하는 여객선의 식당 칸에 앉은 나는 싸구려 커피 한잔을 시켜 놓고 창밖으로 햇살이 내려와 부서지는 바다를 바라보며 그동안 미뤄뒀던 고민들을 꺼내보았다.

그러고 보니 미국에 온 지 어느덧 1년이 넘었다. 그동안 낯선 나라에서 처음 해보는 공부에 적응이 힘들어 정작 무얼 위해 이곳에 왔는지 회의가 들어 괴로웠다. 마음이 복잡해서 그런지 부쩍 내가 가지 않은 길에 대한 미련이 생기기도 했다. 만약 내가 유학을 오지 않고 그대로 다니던 직장에 머물렀다면, 만약 그때 그가 원한 대로 결혼을 했다면, 만약 몇몇 내 친구들처럼 일찍 아이 엄마가 되었다면, 만약 너무 일에 욕심을 부리지 않고 여자로서의 행복을 더 우선에 두었다면 지금 내 인생은 어떻게 달라져 있을까?

이 같은 가정들을 머릿속으로 나열해 놓고선 지금과는 다른 인생을 사는 내 모습을 상상해 보기도 했다. 그곳에는 가지 않은 길에 대한 후회와 그 길을 가지 않고 지금의 삶을 사는 데 대한 안도감이 복잡하게 얽혀 있었다. 내가 좋아하는 로버트 프로스트의 시 〈가지 않은 길〉에서처럼, 우리는 삶의 순간순간마다 갈림길에 놓이고 한쪽을 선택하며 살아간다. 가보지 않고서는 절대 알 수 없는 미래지만 단 하나 분명한 건 앞으로 우리는 내일을, 그러니까 미래를 기대하고 산다는 것이다.

영어 표현 중 'Leave your comfort zone'이라는 말이 있다. 직역하면 '너의 안전지대를 벗어나라'쯤 될 것이다. 요즘 따라 이 말이 머릿속에 맴도는 건 정작 나만의 보금자리를 박차고 나와 느끼는 두려움의 크기가 생각보다 훨씬 거대하기 때문일지도 몰랐다. 하지만 결국 아무리 머리를 굴리고 고민해 봐도 나의 안전지대에서 일단 벗어나 봐야 내 앞에 펼쳐진 길들을 볼 수 있다. 그것이 이것저것 머리로만 재지 말고 우선 떠나고 봐야 하는 이유이기도 하다. 떠나지 않으면 인생에 어떤 놀라운 일도 일어나지 않을 테니까.

나 역시 내 의지로 방송국과 한국 땅을 벗어나 이곳에 왔고, 고생스럽게 온몸으로 부딪치며 전혀 새로운 길을 조심스럽게 걸어가는 중이니 불안한 건 당연한 일일지도 몰랐다. 그런 의미에서 이번 여행을 온 게 정말 잘했다는 생각이 들었다. 낯선 도시와 모르는 사람들 사이에서 부대끼다 보니 오히려 내 상황이 객관적으로 보이고, 크게만 느껴지던 고민도 별것 아닌 것처럼 느껴졌다.

■ ■ ■

하루 종일 걸어 퉁퉁 부은 발을 끌고 늦은 밤이 되어서야 숙소에 도착했다. 불 꺼진 방문을 조용히 열어보니 2층 침대 두 개에 벌써 벨기에와 싱가포르, 프랑스에서 온 여행자들이 곤히 잠들어 있었다. 피곤에 절어 씻지도 않은 채 나는 2층 침대 위 때 묻은 담요 속으로 몸을 밀어 넣었다. 쏟아지는 졸음 속에서도 내일은 지미 헨드릭스 박물관에 가야겠다고 생각했다.

기타리스트로는 특이하게 왼손잡이인 그는 스물여덟 살의 나이에

약물 과용 후유증으로 요절했지만 그의 음악은 후배들과 전 세계 팬들에게 엄청난 영향을 미쳤다. 그의 대표곡 〈퍼플 헤이즈Purple Haze〉는 언제 들어도 좋아 라디오 프로그램에서 소개할 기회가 종종 생기면 늘 손이 가는 노래 중 하나다. 그가 유년시절을 보낸 이곳 시애틀의 어느 허름한 골목 안 그의 이웃들은 글을 읽지도 쓰지도 못했던 문맹의 왼손잡이인 그가 기타를 지고 노래를 만들어 전 세계인에게 감동을 주는 위대한 예술가가 되리라고 생각하지 못했을 것이다. 하지만 그는 자신 앞에 놓인 모든 관습과 고정관념에 도전했고 결국 꿈을 이뤘다. 살아 있을 때 지미 핸드릭스는 종종 누군가를 처음 만나면 이렇게 말했다고 한다.

"Shake my left hand man, it's closer to my heart"

조금이라도 자신의 심장에 가까운 쪽 손으로 악수하자는 그, 늘 가슴이 시키는 대로 움직였던 그가 얼마나 행복한 삶을 살았는지는 확인해 보지 않아도 쉽게 알 수 있을 것이다. 나는 내일 그를 보러 간다. 결국 인생의 행복은 무모할 정도로 과감하게 도전하는 사람들의 차지라는 교훈을 내게 준 그를 조금 더 가까이에서 만나기 위해.

2011년 여름, 나는 미국 서부의 조그맣고 낮은 어촌마을 시애틀에서 하루키가 말한 먼 북소리를 들었다. 이래저래 고민도, 후회도 많지만 역시 떠나오길 잘했다.

'진짜'가 되고 싶다는 욕심

한국에서의 아나운서 생활 5년 남짓 동안 직접 카메라를 들고 촬영을 한다거나 밤새 컴퓨터와 씨름하며 충혈된 눈으로 편집을 하는 내 모습을 단 한 번도 상상해 본 적이 없다. 우아하게 카메라 앞에 서는 것만이 내 일이라 여겼을 뿐, 카메라 뒤에서 일어나는 일은 관심도 배워 볼 생각도 없었다.

하지만 2011년 2월의 나는 지금 이곳, 엘에이 한인타운 윌셔 거리 한복판에 서서 양손에는 무거운 카메라 가방을, 어깨에는 삼각대를 맨 채 불안한 눈으로 주변을 두리번거리고 있다. 4분 남짓의 미니 다큐멘터리를 만들기 위해 내게 주어진 시간은 일주일. 미국에서 처음

맞은 봄방학이 시작되는 날 새벽, 나는 친구의 낡은 자동차를 얻어 타고 6시간을 꼬박 달려 엘에이로 내려와 매일 아침부터 밤늦게까지 취재를 한 지 5일이 지났지만 아직도 계획한 촬영을 다 끝내지 못했다. 촬영에 대한 요령이 전혀 없던 나는 이미 60분짜리 녹화 테이프 여덟 개를 다 써버렸고 가방 속에는 겨우 2개의 공 테이프가 남았다. 새 테이프를 살 돈도, 더 이상 촬영을 강행할 체력도 없으니 오늘은 무슨 일이 있어도 다 끝내야 하지만 이미 시작도 전에 지친 내 머릿속에는 오직 눕고 싶다는 생각뿐이었다.

사실 처음부터 촬영이나 제작 쪽에 욕심을 냈던 건 아니었다. 저널리즘 스쿨 수업시간에 자연스레 양질의 다큐멘터리를 접하며 장르에 대한 재미를 붙였고, 몇몇 동기들의 작품 쇼 케이스에서 본 멋진 영상과 탄탄한 내용에 매료되어 '나라고 못할 게 뭐 있어' 하는 오기가 생겼을 뿐이다. 그리고선 내친김에 바로 덜컥 제작수업 수강신청을 하고 여기까지 온 것이다. 수업 초반에는 생각보다 재밌었다. 몇십초 단위의 짧은 영상을 촬영해 파이널 컷으로 편집을 하는 작업도, 거기에 자막과 음악을 입히는 것도, 또 내가 전하고 싶은 메시지대로 하나의 영상을 편집하는 것도 모두 새롭게만 느껴졌다. 하지만 줄줄 풍월을 읊는 서당 개가 된 우쭐함도 잠시, 취미 정도 수준으로 제작에서 얻을 수 있는 재미는 딱 거기까지였다.

■ ■ ■

　내가 제작하는 미니 다큐멘터리의 주인공 송 할머니는 한인 타운의 어느 구석에 위치한 노인 아파트에 혼자 살고 계셨다. 30년 전 남편을 여의고 작은아들을 따라 미국으로 온 그녀는 아들 손자 내외가 모두 생활환경이 좀 더 나은 타 교로 떠난 지 오래지만 아직 한인타운을 떠나지 못했다. 송 할머니의 이웃 노인들과 친구들 역시 자식과 가족이 있지만 혼자인 삶을 선택했다. 한 몸 누이면 꽉 차는 조그만 방이지만 혼자만의 공간이 있고, 정부에서 매달 주는 약 800달러의 보조금이 있기에 더 욕심만 내지 않으면 행복하다는 그녀. 혼자만의 자유로운 삶을 포기하고 싶지 않다고 말하지만 한편에는 힘들게 이민생활 하는 자식에게 짐이 되고 싶지 않은 눈치가 역력했다. 일하느라 늘 바쁜 자식 내외에게도, 이곳에서 나고 자라 한국어보다 영어가 훨씬 편한 손주들에게도 터놓기 힘든 속마음을 나눠온 또래 노인들의 곁을 떠나고 싶지 않은 이유도 클 것이다.

　매일 새벽 5시면 송 할머니는 집에서 몇 블록 떨어진 곳에 위치한 맥도날드로 향한다. 이곳은 경로당이 따로 없는 한인타운에서 또래 노인들을 모두 만날 수 있는 사랑방 같은 존재다. 빵 사이에 계란과 치즈가 들어간 소박한 아침 메뉴에 아메리카노 한잔을 앞에 두고 모여 앉은 할머니와 친구들. 오늘 아침에는 누구네 집 변기에 물이 넘쳐 온 집안이 물바다가 됐다는 얘기가 단연 인기 화제였다. 쾌활한 송 할머니는 아예 자리에서 일어나 온몸을 사용해 상황을 설명하며 대화를 주도하셨고 나는 그 모습을 부지런히 카메라에 담았다. 앞에서 한 컷, 뒷모습 한 컷, 할머니 얼굴 클로즈 업, 할머니의 이야기를 집중해서 듣고 있는 노인들의 모습, 편집 중간중간 어색한 부분을 메우기 위해 커피 컵을 잡고 있는 손이나 주문을 받는 점원, 가게 전체 풀 샷 까지. 촬영을 하던 중 벽걸이 그림 하나가 화면에 잡혔다. 눈 덮인 겨울 숲의 모습. 눈이 좀처럼 내리지 않는 엘에이 풍경은 아닐 테고, 왠지 친근한 모습에 점원에게 물어보니 한국의 겨울 풍경이란다. 워낙 한국 노인들이 자주 오다 보니 그들을 위해 가게에 걸어놓았다고 한다. 매일 아침, 먼 이국땅 어느 구석 맥도널드에 앉아 조악한 한국의 겨울 풍경 그림을 벗 삼아 햄버거로 아침을 때우는 노인들을 보니, 갑자기 지금껏 수십년동안 그들이 감내해야 했던 집떠난 이의 외로움이 사무쳐 왔다.

■ ■ ■

물 먹은 솜처럼 축 처진 몸과 마음으로 숙소에 돌아온 내게 남은 건 모든 촬영 분을 컴퓨터에 옮기고 나중에 편집할 때 찾기 쉽게 차곡차곡 정리하는 일이었다. 촬영은 얼렁뚱땅 정신없이 했다 해도 이제는 정신을 바짝 차려야 할 때. 우선 제작 노트를 펴 내가 전하고 싶은 중심 메시지를 다시 써 보고 거기에 맞게 주인공과 주변 인물, 배경 등의 컷을 담을 하위 폴더들을 만든다. 이 자료들을 들고 버클리로 돌아가면 나는 남은 학기 동안 편집과 목소리 더빙 등 후반 작업을 할 것이다. 기승전결이 있는 하나의 완결된 이야기를 만드는 건 처음이라 모든 게 낯설고 어려웠다. 하지만 이제야 어렴풋이 알것 같았다. 다큐멘터리 제작에서 가장 중요한 요소는 인간에 대한 애정, 거기서 우러나오는 직업적 꼼꼼함과 집요함이라는 것을. 그리고 예전 피디 선배들과 촬영을 나가면 그들이 왜 그렇게 촬영은 안 하고 촬영 주인공과 세월아 네월아 수다만 떨었는지도. 그것은 카메라 앞에서 혹시 어색해할지도 모르는 주인공들의 긴장을 풀어주기 위한 피디의 배려였던 것이다. 결국 사람에 대한 애정, 바로 휴머니즘이 좋은 다큐멘터리의 핵심이라는 것을 이제야 깨달았다. 카메라 앞에 서는 사람들 역시 자신의 직업에 진정성을 가지기 위해서는 카메라 뒤에서의 모든 과정들이 하나하나 빠지지 않고 모두 너무나 중요했던 것이다.

엘에이 촬영은 학생으로서, 직업인으로서도 얻은 게 많은 여행이었다. 다만 반갑지 않은 불청객 몇이 따라 붙어 말썽이지만. 여행 이후 만성이 돼버린 지루성피부염과 손목터널증후군이 바로 그것이다. 일주일 간 너무 무리를 했는지 돌아오자마자 얼굴을 시작으로 곧 온몸이 근질거리더니 이내 지루성피부염에 걸려버렸고, 거기다 오른쪽 손목이 미칠 듯이 욱신거려 병원에 갔더니 손목터널증후군이라는 진단까지 받았다. 컴퓨터 자판이나 마우스를 너무 오래 사용하거나 무거운 물건을 오래 들고 다니면 나타나는 증상이라고 하는데, 두 개 다 해당되는 나로서는 두말없이 시키는 대로 손목에 불편하기 이를 데 없는 부목을 댈 수밖에 없었다.

하지만 그 와중에도 나는 부지런히 편집을 했고 파이널 컷과 함께 밤을 샜다. 또 내용에 맞는 영어 스크립트를 수도 없이 고쳐 썼으며 잘 되지 않는 영어 발음을 지적받고 수백 번 다시 녹음한 끝에 학기가 끝날 무렵에는 제법 봐줄만 한 다큐멘터리 한 편을 만들 수 있었다. 이렇게 짧았던 피디 체험은 상상보다 훨씬 힘들었지만, 해볼 만은 했다. 아니, 앵무새가 아닌 저널리스트가 되고 싶은 욕심이 있다면 꼭 거쳐야 하는 수업이었다. 단, 다시 카메라 앞으로 돌아간다는 조건으로 말이다.

방황의 끝자락,
겨울에서 봄

2011년 12월의 칼바람 몰아치는 어느 겨울 아침. 두터운 패딩 안에 내복 석 장을 껴입고, 그것도 모자라 귀마개와 가죽장갑, 마스크에 목도리까지 중무장을 단단히 한 채 나는 5일장이 선다는 성남 모란시장 입구를 불안하게 서성이고 있었다. 2주간의 짧은 일정으로 귀국하자마자 이곳으로 달려온 건 저널리즘 스쿨 졸업기사를 쓰기 위해서였다. 기사는 한국인의 개식용 문화에 얽힌 뿌리 깊은 내부 갈등과 그로 인한 개고기 유통의 문제점 등에 관한 사회학적 접근이 될 터였다. 이렇게 말하고도 참 어렵다. 한국 사람들에게 종교나 정치 비슷한 수준으로 금기시되는 주제인 식용 개에 대한 기사라니, 용감도 하여라! 지난해 다큐멘터리 제작 수업 때만큼 시작부터 막막했다. 게다가 이번 프로젝트는 영상이나 배경음악, 자막 등의 힘을 전혀 빌지 않고 오롯이 취재력과 글발로만 승부해야 하다 보니 도통 감조차 잡히지 않는다. 아무튼 모든 게 계획대로 잘 끝난다면 이 취재는 5,000자 길이의 기사 형태로 어느 잡지에건 실리게 될 것이다.

취재를 위해 처음 대한 장소는 전국 제일의 유통망을 자랑한다는 모란 개시장. 개고기 관련 기사에서 단골로 나오는 건강원과 도축시설, 상인들의 밀집지역이다. 매년 복날이면 보신탕 반대 퍼포먼스가 어김없이 이 곳 개시장 앞에서 열린다. 그래서일까. 이미 매스컴과 동물 보호론자들에게 시달릴 대로 시달린 상인들은 낯선 이의 방문을 대놓고 경계했다. 거기다 이른 아침 개 도축장과 너무나 어울리지 않는 젊은 여자의 나 홀로 방문이라면, 쫓겨나지 않으면 다행이다. 어쨌든 나는 소형 녹음기를 패딩 주머니 안에 숨겨놓고 배낭 옆 주머니에 싸구려 몰래 카메라 하나를 설치한 채 거리를 어슬렁거리기 시작했다.

얼마를 걸었을까. 갑자기 코를 찌르는 듯한 짐승 누린내와 동시에 낯선 광경이 펼쳐졌다. 시꺼먼 피딱지가 엉겨붙어있는 도마 위로 개로 추정되는 거뭇거뭇한 고기 덩어리들이 쌓여있다. 가까이 가서 보니 아직 발톱까지 붙어있는 발가락들 위로 털이 붙어있었다. 넓적다리로 보이는 고기 절단 부위에서 아직도 조금씩 피가 비치는 걸 보니 도축된 지 얼마 안 된 듯싶다. 도마 뒤로 보이는 건강원 간판과 함께 몇 평 되지 않는 조그만 가게 안에 놓인 우리에는 수십 마리의 개들이 초점 없는 눈으로 엉겨 붙어 있고 그 뒤로는 거대한 은색 찜솥들이 자리를 차지하고 있었다. 갑자기 우리나라의 연간 개소주 소비량이 약 10만 톤에 달한다는 기사가 떠올랐다. 좀 더 가까이서 지켜보고 싶었지만 아까부터 적개심 가득한 눈빛으로 나를 노려보던 가게 점원이 신경 쓰여 마지못해 발길을 옮기던 중 애완견 판매 부스가 보인다. 얼핏 보기에도 눈에 눈곱이 껴있거나 기운 없이 계속 잠만 자는 등 건강해 보이지 않는 새끼 강아지들 뒤로 '영양 두루치기' 혹은 '보신탕' 깃발이 바람에 휘날린다. 혹시 이 아이들이 끝까지 팔리지 않거나 죽으면 어디로 가게 될까, 상상은 꼬리를 물고 계속 안 좋은 쪽으로만 커져갔다.

서울에 머문 2주 동안 모란시장을 시작으로 나는 충주의 어느 닭 도축 공장(불법 개 도축이 암암리에 이뤄지고 있다는 제보를 받고 직접 가봤다.)을 비롯해 20년 전통을 자랑한다는 보신탕집, 그리고 개고기 옹호론자들과 육견협회 사람들을 비롯해 동물 보호론자, 채식주의 한의사까지 수십 명의 사람들을 찾아다녔다. 그들은 모두 나름의 이야기보따리를 가지고 있었고 나는 한 번에 몇 시간씩이고 인터뷰를 하고, 녹음을 하고, 또 그걸 받아 적은 후 집으로 돌아와 밤늦게까지 책상 앞에 앉아 이야기 얼개를 만들고 부수기를 반복했다. 개 도축장에서 전기충격기에 쓰러진 개가 몇 분 후 검정 비닐봉지 두 개에 김을 모락모락 내며 담겨져 나왔을 땐 눈을 감아버리고 싶기도 했지만 그곳 어르신들에게 실례가 될까 허벅지를 꼬집으며 구역질을 참아내기도 했고, 보신탕집에서 도저히 개고기는 못 먹을 것 같아 비슷한 메뉴인 염소탕을 먹으며 둘이 뭐가 다른가 싶어 나의 이중적인 잣대에 냉소를 보내기도 했다. 그냥 우아하게 아나운서 일을 하며 앉아만 있었다면, 미국으로 떠니와 새로운 공부를 하지 않았다면 평생 관심조차 갖지 않았을 법한 장소들을 찾아다니며 그 겨울, 나는 또 하나의 새로운 세상을 보았다.

■ ■ ■

모란시장 취재를 끝내고 미국으로 돌아오는 길은 끔찍했다. 내 옆에 앉은 보통 사람 3인분 덩치의 미국 아저씨는 심한 독감에 걸렸는지 12시간 비행 내내 연신 코를 팽팽 풀어댔고, 그때마다 나는 그의 바로 지근거리에 구겨져 앉은 채 엄청나게 쏟아지는 그의 액체 분비물을 고스란히 다 맞아야 했다. 그래서일까? 버클리 집에 도착하자마자 나는 그 아저씨에게 옮은 게 99.9퍼센트 분병한 생애 최악의 지독한 독감에 걸렸다. 상태가 얼마나 심각했던지 마치 흙에 깊이 박힌 돌부리마냥 침대에 박힌 채 죽은 듯 일주일을 보냈다. 아무도 돌봐주는 이 없는 서러움이 나를 더 약하게 만들었고, 겨우 정신을 차려보니 이미 코앞에 다가온 개강일과 길고 긴 마지막 학기를 버텨낼 힘이 내 안에 남아있지 않았다. 하지만 이번에도 어김없이 나 따위야 어떻게 되건 말건 개강을 시작으로 미친 듯이 해치워야 할 일들이 생겨났다.

졸업 기사를 쓰는 일은 생각보다 훨씬 어려웠다. 미국 대학원생들에게도 졸업 프로젝트는 자체만으로도 엄청난 스트레스인데, 개요나 아이디어 등을 우리말로 먼저 생각한 후 다시 영작을 하는 과정을 매 순간 반복해야 하는 내게는 글 한 줄 쓰는 것조차 짧게는 몇 분, 생각이 정리가 잘 안 될 때는 몇 시간씩 걸리는 중노동이었다. 그렇게 졸업 기사와 씨름하기를 몇 달, 어느새 기사 마감과 졸업은 코앞으로 다가왔지만 나는 여전히 매일 밤 도서관 한 귀퉁이에서 수백 개의 참고 자료 사이트를 열어놓은 채 벌겋게 충혈된 눈을 부릅떠 가며 쓰고 고치고를 반복하고 있었다. 덕분에 안 그래도 민감한 내 피부는 이미 만성 지루성피부염으로 인해 귤껍질처럼 오돌토돌해져 돌아올 수 없는 강을 건넜고, 스트레스에 못 이겨 매일 밤 맥주를 홀짝이다보니 아무리 피곤해도 술 없이는 잠들 수 없는 '알코올 의존증'까지 나를 괴롭혔다. 그렇게 하루가 아까운 내 서른셋의 봄날은 속절없이 가고 있었다.

또 다른 시작의 문

졸업을 한 달도 채 남겨놓지 않은 어느 날, 여느 때와 다름없이 도서관 한 귀퉁이에서 아직도 끝내지 못한 졸업 기사를 붙들고 있던 중 이미 극에 달한 스트레스가 마침내 폭발하고 말았다. 아무리 생각해도 이건 정말 아니었다. 지금 내 모습은 2년 전 막연히 졸업 즈음을 그려 봤을 때 상상했던 것과 달라도 너무 달랐다.

당시의 계획대로라면 이미 2년간의 미국생활로 원어민 수준의 영어를 구사하고, 내 졸업 기사는 〈뉴욕 타임스〉나 〈워싱턴 포스트〉 같은 대표 언론사에 벌써 비싼 값에 판매되어야 했다. 그리고 졸업 후 미국에서의 새로운 기회와 한국에 두고 온 직장 사이에서 행복한 고민을 하고, 지난 2년간 매일같이 운동을 하며 다져진 군살 하나 없이 탄탄한 몸을 자랑해야 했다. 하지만 현실은 이들 목표 중 단 하나도 이루지 못한 채 졸업은 코앞으로 다가와 있었다. 게다가 여전히 거북이 같은 속도로 졸업 기사를 쓰고 있는 내 모습이란!

    더욱 절망스러운 건 지난해 엘에이 다큐멘터리 여행의 후유증으로 생겼던 지루성피부염이 다시 도졌다는 것이다. 이미 내 이마와 티존, 턱 상당 부분은 지루성피부염에 점령당해 빨갛게 일어났고, 과장을 보태자면 얼굴 전체에서 기름이 뚝뚝 떨어질 정도로 상태는 점점 나빠져만 갔다. 이런 몰골로 한국으로 돌아갈 생각을 하니 한숨만 푹푹 나왔다. 상황이 이렇다 보니 그렇게도 낙천적이던 내가 없던 피해의식까지 생겼다. 인생의 황금기라 할 수 있는 30대 초반의 2년을 미국에서 고생스럽게 보내며 안간힘을 썼지만 졸업을 앞둔 지금, 2년 전에 비해 너무나 아무런 변화 없는 내 상황이 열등감과 피해의식으로 둔갑해 나를 힘들게 했던 것이다. 말로는 아니라 해도 결국 내 마음 한구석에는 힘들었던 날들에 대한 보상심리가 있었던 것 같다. 결국 지난 2년 내가 그렇게 열심히 노력했던 건 더도 덜도 아닌 남들 눈에 그럴싸한 뭔가가 되고 싶었던 게 아닌가 싶어 나 자신이 실망스러워 견딜 수 없었다.

    하지만 이렇게 만신창이가 된 내 모습과는 별개로 시간은 무서운 속도로 흘러 어느덧 졸업은 코앞으로 다가왔다.

■■■

졸업식이 열리는 2012년 5월 12일 아침. 우여곡절 끝에 어젯밤 겨우 데드라인에 맞춰 졸업 기사를 업데이트한 나는 비몽사몽인 채로 검정 가운과 석사모를 대충 챙겨 입고 학교로 향했다. 저널리즘 스쿨 건물, 노스게이트 홀 계단에 모두 모여 단체 사진을 찍어야 했기 때문이다. 한국이나 미국이나 졸업생들이 가장 좋아하는 사진 포즈는 석사모를 높이 던졌다 받기였다. 처음에 시큰둥하던 나도 촬영을 위해 몇 번 포즈를 취하다 보니, 드디어 졸업이구나 싶었다. 그리고 이제야 지난 2년의 저널리즘 스쿨 생활이 주마등처럼 머릿속을 스쳐 지나갔다. 발표 수업을 제대로 준비해 오지 못한 날, 수업에 들어가기 싫어 지금 서 있는 이 계단에 쪼그리고 앉아 시간을 죽이곤 했다. 유학생활이 너무 고단할 때면 한국에 있는 엄마에게 괜한 안부전화를 걸고는 차마 힘들다는 말 못하고 전화를 끊은 후 혼자 이 계단 어느 귀퉁이에서 눈물을 흘리기도 했다. 토론 수업이 있는 날이면 온종일 정신없다가 수업이 끝나고서야 뒤뜰 의자에 앉아 배낭 구석에 아무렇게나 처박혀 불어 터진 샌드위치로 허기를 채우기도 했다. 이렇게 지금까지의 고생이 떠오르니 지금 당장 내가 이뤄놓은 게 없어도 이렇게 졸업을 할 수 있다는 게 감사했다. 지난 시간 동안 많이 힘들기도, 헤매기도 했지만 결국 해냈기 때문이다. 그렇게 수많은 밤을 견디고 버텨 비로소 지난 2년간의 긴 여정 끝에 다다랐다. 이렇게 생각을 고쳐먹자 방금 전까지 느꼈던 피로감, 졸업 기사를 쓰던 몇 달 간 나를 따라다니던 절망감은 어느새 저만치 달아났다.

그래, 엄청나게 화려한 졸업식은 아니지만 이대로도 나쁘지 않아.

■ ■ ■

한 시간 가량의 기다림 끝에 이윽고 졸업생들은 두 줄로 나란히 서서 가족들과 학교 관계자들에게 큰 박수를 받으며 졸업식장에 입장했다. 저 멀리 졸업식을 보기 위해 며칠 전 한국에서 도착하신 엄마의 창백한 얼굴이 보인다. 버클리에 익숙하지 않은 엄마는 며칠 째 계속 설사를 하셨다. 그런 중에도 엄마는 지난 밤 늦게까지 나와 함께 졸업생 작품 발표회에 참석해 알아듣지도 못하는 다큐멘터리와 티비 뉴스들, 기사들을 몇 시간 동안 꼼짝 없이 보셔야 했으니 병이 나을 리가 없었다. 하지만 아직 끝이 아니다. 졸업식이 진행되는 내내 맨 앞줄에 앉아 남들 따라 열심히 박수만 치시던 엄마는 지겹게 길기만 한 한나절 짜리 미국 졸업식의 모든 연설과 게스트 스피치, 졸업생 대표와 재학생의 연설 모두가 끝날 때까지 화장실도 못 가고 그 자리에 앉아 계셔야 했다.

막내딸의 대학원 졸업식 내내 엄마는 무슨 생각을 했을까. 2년 전, 처음 유학을 가겠다는 말을 꺼냈을 때 "서른 다 되서 공부는 무슨, 그냥 남들처럼 결혼이나 할 것이지" 하며 타박하셨던 엄마와 싸우기도 많이 싸웠다. 스물넷 어린 나이에 결혼해 서른 전에 이미 세 딸의 엄마가 되고 평생 동안 남편 그림자로 살아온 자신과는 달리 서른이 훌쩍 넘어 결혼도 하지 않고 미국으로 떠나와 혼자 낑낑거리는 게 안쓰럽기도 하셨을 테고, 어느새 졸업을 하게 된 막내딸이 조금은 대견하고 자랑스럽기도 하셨겠지. 졸업생들 틈에 앉아 서 멀리 앉은 엄마를 보며 나야말로 지난 2년의 시간들에 만감이 교차했다. 엄마 말을 안 들은 데 대한 후회일까 아니면 이렇게라도 결국 해낸 모습을 엄마에게 보여줄 수 있어서 일까. 둘 다 인 것 같다.

졸업식이 끝나고 우리는 평소 내가 하교하던 길을 그대로 걸어 집으로 돌아가기로 했다. 엄마에게 내가 겪은 지난 2년의 일부분이라도 느끼게 해주고 싶었고, 문득 내겐 매일 아침 수백 번 다녀서 지겨운 이 길이 어쩌면 엄마에게는 무엇보다 의미 있는 선물이 될 지도 모른다는 생각에서였다. 한참을 걷고 난 우리는 건물 앞의 벤치에 앉아 조금 쉬기로 했다. 엄마와 이런저런 얘기를 나누다 보니 졸업이라는 이름만으로도 그동안 나를 짓누르던 무게가 덜어져 나간 느낌이었다. 옆에 앉은 엄마는 파란 하늘을 올려다보며 내게 말했다. 지금까지 혼자 고생했다고. 답답해도 당장 뭔가 되려 하지 말라고. 여유로운 마음으로 그냥 하던 대로 열심히 즐겁게 살라고. 아마 엄마는 말은 안 해도 졸업 즈음 내 복잡한 속마음을 읽으셨던 것 같다. 갑자기 눈물이 툭 터져 나왔다. 엄마는 어쩌면 지난 2년간의 고군분투를 지켜보면서 내가 뭔가 대단한 사람이 되기보다는 그냥 좀 더 행복한 사람이 되기를 바랐던 걸지도 모른다는 생각이 들었다.

■ ■ ■

5월의 햇살 좋은 어느 날, 이렇게 내 인생 또 하나의 도전이 끝났다. 하지만 여전히 내 앞에는 수많은 문들이 늘어 서 있다. 그 문을 열면 또 어떤 삶이 나를 기다리고 있을까. 어떤 문을 여느냐에 따라 또 다른, 전혀 상상치 못한 모습의 인생이 펼쳐지겠지. 평소의 나라면 앞뒤 생각하지 않고 눈에 띄는 문을 벌컥 열어젖힐 테지만 이번만큼은 한 박자 쉬어가고 싶다. 지난 2년간의 긴 여정에 꽤 지쳤기에 오늘 밤만큼은 모든 근심 걱정을 잊어버리고 버클리에서의 도전과 좌절, 기쁨과 방황의 날들을 시원한 맥주 한 잔에 날려버리고 싶다는 생각 말고는 지금 내 머릿속에 아무것도 없다. 컴퓨터와 카메라, 대용량 하드 드라이브들로 가득 찬 무거운 배낭을 메지 않아도, 써지지 않는 졸업기사를 위해 숱한 밤을 쓴 한약 같은 커피를 몇 잔씩 들이켜며 지새우지 않아도 된다고 생각하자 비로소 졸업이 실감 나면서 동시에 지난 시간에 대한 아쉬움들이 밀려왔다.

원래의 계획과는 너무나 딴판이지만 어쨌든 이제 지난 2년간의 도전에 마침표를 찍어야할 시간이다. 아쉬움, 서운함, 후회, 다가올 미래에 대한 두려움을 모두 내려놓고 큰 소리로 서른의 내게 작별을 고한다.

안녕, 상처 많았던 내 서른 살. 그동안 고생 많았어.

| EPILOGUE |

✨ 결국 마음이 시키는 대로

불안한 서른의 나에게 선물했던 2년은 생각보다 훨씬 빠르게 흘렀다. 선택으로 인한 그 어떤 위험이나 기회비용은 전혀 생각지 않은 채 뭔가 다른 세상이 있을 거라는 기대만으로 겁도 없이 지구 반대편으로 훌쩍 떠나와, 두꺼운 방송용 화장과 하이힐 대신 청바지에 운동화를 교복 삼아 스무 살 에너지로 가득 찬 캠퍼스 구석구석을 부지런히도 밟고 다녔다. 낯선 도시와 새로운 환경은 때로는 완벽한 자유로, 때로는 사무치는 외로움으로 다가왔고, 학교 앞 카페의 2달러짜리 에스프레소 더블 샷이 아니면 버티지 못했을 엄청난 양의 대학원 공부는 끝나는 그 순간까지도 마냥 힘들기만 했다. 2년 내내 늘 지폐 몇 장 들어 있지 않던 낡은 지갑은 나의 영혼까지 허기지고 초라하게 만들기도 했다.

 주변의 꽤 많은 사람들이 이런 나를 보며 '서른 넘어 남들은 안정을 찾을 나이에 왜 사서 고생이냐'며 혀를 끌끌 차곤 했다. 인생을 진지하게 살아가는 건 칭찬받아 마땅하지만, 결국 2년 동안 눈가 잔주름만 늘어날 뿐 달라지는 건 아무것도 없을 거라는 잔인할 정도로 현실적인 충고도 들었다. 시간이 흐른 후 지금의 나는, 인정하기는 싫지만 떠나던 무렵에 비해 얼굴은 좀 더 까칠해지고 눈가에 주름도 생겼다. 당시 고민이던 커리어와 결혼, 육아 등의 문제는 여전히 뾰족한 답을 못 찾은 데다 없던 마이너스 통장까지 생겼으니 지난 2년을 아무리 좋게 포장하려 해도 남는 장사라 하기는 어렵다.

 그럼에도 불구하고 2년 전으로 다시 돌아간다면 내 결정은 똑같을 것이다. 그래도 떠날 것이고 떠나오길 잘했다고 눈에 잔뜩 힘주며 말할 것이다. 용기를 내지 못해 그곳에 그대로 머물렀다면 평생을 '그때 한번 용기 내 볼걸' 하고 후회할 나라는 걸 누구보다 가장 잘 알기 때문이다. 지난 2년 동안 너무 힘들어 순간순간 사무치게 후회도 했지만 떠나지 않았던들 힘들지 않았을까. 하나하나 기억도 다 못할 만큼 무수히 많은 일들을 겪어 내는 동안 나는 잘 나가는 아나운서도, 사회물 꽤 먹은 직장인도, 아무것도 아닌 평범한 서른의 여자로 돌아가 매일 나 자신을 증명해 보이기 위해 고군분투했다.

얄팍한 누군가는 나의 지난 2년을 단지 늘어난 눈가 주름으로 환산할지 모르겠다. 하지만 내공 있는 누군가는 내 주름 사이사이 치열했던 고민의 흔적을 찾아낼 수 있을 거란 기대를 하는 것도 지난 2년간의 내 노력에 대한 믿음 때문이다.

스무 살의 나는 서른이 되면 내 인생은 훨씬 더 분명해져 있을 거라고 믿었다. 하지만 정작 내 서른 살은 무엇 하나 생각대로 되는 게 없을 만큼 덜컹거리며 시작됐고, 지금도 그저 그렇다. 아직은 안 겪어봐서 모르긴 해도 내 40대와 50대 역시 지금의 계획과는 전혀 다른 방향으로 흘러가 상상치도 못했던 모습으로 나를 맞이할 가능성이 크다. 다만 내 미래에 대해 분명히 예측할 수 있는 건 지금까지 삶의 길목마다 늘 그랬던 것처럼, 앞으로의 인생도 시도 때도 없이 비틀거리고, 예상치 못한 상황에 부딪치고 엎어져 수도 없이 상처받고 깨지고, 상처에 소독약을 바르느라 남들보다 늦어지기도 할 거라는 정도일까.

마흔의 나는 어떤 선택을 하게 될까? 객기로 시작된 서른 즈음의 유학생활에 학을 떼고 그냥 별일 없이 지내며 잔잔한 호수 같은 삶을 꿈꿀지도 모른다. 하지만 나는 안다. 많이 망설이고 겁내다가 결국 다시 마음이 시키는 곳으로 나아갈 거라는 걸. 하루키를 흉내 내며 어느 날 훌쩍 기약 없이 낯선 이국의 어느 섬으로 떠나거나 아니면 해오던 것과 전혀 다른 새로운 분야의 일을 시작하겠다며 분주히 나설지도 모르겠다. 그리고 그때, 서른 살의 내가 그랬던 것처럼 실패에 대한 두려움보다 새로운 도전에 대한 설렘이 나를 또 다른 어디론가 이끌 것이라고 믿는다. 이런 대책 없음과 무모함을 아직도 마음속에 품고 있다는 것, 그래도 아직 내 미래가 기대되고 설레는 이유다.

다시 나를 생각하는
시간, 서른

지은이 서현진
본문 사진 ⓒby 서현진·Delan Tai·생선(김동영)
펴낸이 김종길   **펴낸 곳** 글담출판사
책임편집 이은지
편집부 임현주·이은지·이송이·이경숙
디자인부 정현주·박경은
마케팅부 김재룡·박용철
관리부 이현아
출판등록 제7-186호
주소 (132-898)서울시 도봉구 창4동 9번지 한국빌딩 7층
전화 (02)998-7030(대표) **팩스** (02)998-7924
이메일 bookmaster@geuldam.com
페이스북 http://www.facebook.com/guldam4u

초판 1쇄 발행 2013년 4월 1일 **초판 2쇄 발행** 2013년 4월 15일
정가 12,800원
ISBN 978-89-92814-66-9 03810

이 도서의 국립중앙도서관 출판시도서목록(CIP)은 e-CIP 홈페이지(http://www.nl.go.kr/ecip)에서
이용하실 수 있습니다. (CIP제어번호 : CIP2013001231)

이 책은 글담출판사가 저작권자와의 계약에 따라 발행한 것이므로
이 책 내용의 일부 또는 전부를 사용하려면 반드시 글담출판사의 동의를 받아야 합니다.

> 글담출판사에서는 참신한 발상, 따뜻한 시선을 가진 기획 아이디어와 원고를 기다리고 있습니다.
> 작품 혹은 기획안을 한글이나 MS Word 파일로 작성하여 이메일로 보내주시기 바랍니다. 출간 가
> 능성이 있는 작품에 대해서 개별적으로 연락을 드립니다.